U0020912

星火文化

進入內室

THE INNER ROOM

基督徒默禱經典作品選集

文之光神父Laurence Freeman OSB／若望．邁恩神父John Main OSB
莉姿．沃森Liz Watson／格雷姆．沃森牧師Revd Graeme Watson◎著
普世基督徒默禱團體WCCM◎譯　肖筱◎主編

CONTENTS

第二部 基督徒默禱：革責瑪尼會談——057

Christian Meditation: The Gethsemani Talks

若望・邁恩神父

CONTENTS

第五部 探索《不知之雲》The Cloud of Unknowing

格雷姆·沃森牧師

CONTENTS

CONTENTS

主編的話

因為你們的導師只有一位，就是基督

一

在我年少時，因為頭腦對意義的執著探求，常渴望得到好的指導師傅或靈魂知己，如同聖安當遇見聖保祿首位獨修（Paul, the First Hermit），奧斯定遇見盎博羅削，沙勿略遇見依納爵，十字若望遇見大德蘭，或禪宗初代六位祖師那般以心印心。

當然，尊師賢友稀有，但我從書本中獲益良多，叔本華、奧修、奧斯定、薇依、沙漠教父到聖本篤等，都是我的良師益友。我曾經相信，真理有祕傳，也刻苦鑽研一切神祕主義著作，希望能獲得最終開悟。我接觸到許多靈性渴望者和默禱者，他們許多人懷有同樣渴望，因此也廣泛閱讀、找尋不同的靈修陪伴、參與不同形式的靈修活動。但我想以個人經驗分享，特別是接觸默禱以後的經驗分享，那就是我們的導師或知己，只有一位，就是「基督－默西亞」[1]（參《瑪竇／馬太福音》23：10）。當我們的生命真正證悟這點，便會慢下來，便會脫離偶像崇拜，便更易從繁花中分辨。奧修說：「人們來來去去卻無處可去。」多麼可悲，人們以為做的越多越能成就，然而，在靈修領域，無為才有可能成就。首先慢下來，因為基督在我內，我需要品味基督，如同領受聖體時的經驗一般。內在越寧靜，喜樂越深邃。我們知道我們到家了。道路本身就是意義所在，基督就在當下。「基督－默西亞」的意義正是如此，救世主在今天為我們誕生。在每個當下的片刻，救世主為我們誕生，這也是本篤會三願之一的生活皈依（或譯進德，Conversion of life）的內在意義，每時每刻基督都願意幫助我們自我超越與自我提升，只要我們轉向他，轉向內在。

基於以上經驗，讀者應可理解編者選編本書的旨趣為何。本書收錄基督徒默禱六種經典讀本，充滿深邃的傳承。從被視為若望．邁恩神父（John Main OSB）開始走向他更廣泛默禱教導的著作《革責瑪尼會談》，到三本由若望．邁恩神父的弟子文之光神父（Laurence Freeman OSB）所作的默禱實操性著作，為個人默禱者及默禱小組提供理論與操練基礎。再到在普世基督徒默禱團體[2]成立之初便加入的沃森夫婦（Graeme Waston and Liz Waston）的兩部作品《默禱的意象》和《探索不知之雲》。本書的

1. 本書所引聖經經句大多為天主教《思高譯本》，但為方便其它宗派或一般讀者查閱，在括弧內標出天主教與新教聖經經卷簡稱，後不贅述。
2. 一九九一年，受若望．邁恩的神恩啟發，文之光神父於倫敦創立普世基督徒默禱團體（The World Community for Christian Meditation，WCCM），以繼承發揚若望．邁恩神父的基督徒默禱教導。目前，普世基督徒默禱團體是教廷認可的平信徒大公團體，榮譽贊助人包括香港教區湯漢樞機、宗座促進基督信徒合一委員會前主席瓦爾特．卡斯帕樞機（Walter Casper）、愛爾蘭前總統瑪麗．麥

六種讀本原文皆為英文，並有多種其它語言譯本，由此可知當代人對默觀的渴求。

作為本書編者，一切都始於二〇一三年我與文之光神父的相識，到他作為我在俗本篤會士（Benedictine Oblate）的培育導師，他與我有師徒之情。而莉姿．沃森則是我在倫敦求學期間的靈修陪伴。因此選編這本書對我來說意義非常。

二

在《革責瑪尼會談》一書，若望．邁恩神父[3]談到他自己的默禱心路，更為詳細的記錄可以在《若望．邁恩神父與愛的團體》一書中讀到。《革責瑪尼會談》有一處特別值得注意：若望神父指出修會人士操練默禱的意義，「默觀使人重新振奮」。修會生活本應是天使般的，卻充滿無奈、苦澀和張力。修會培育不足，靈修生活不彰，祈禱當然無力，祈禱既無力，修道生活則無喜樂可言。若望神父相信默禱可以更新修道生活，更新教會面貌。當然，默禱絕非修道人獨享的恩寵（歷史上的錯謬觀點造成了何等危機）。默禱是普世的經驗與智慧。若望．邁恩想提醒當代基督徒以及所有渴求目的與意義的人，「預備上主的道路，修直他的途徑」（《馬

卡利斯女士（Mary Mcaleese）、第一百零四任坎特伯雷總主教羅雲．威廉姆斯（Rowan Williams）、哲學家查理斯．泰勒（Charles Taylor）等。

3. 若望．邁恩神父生於一九二六年一月二十一日。他的著作中文版有《歸真返璞》（光啟出版社），《基督之刻——默禱之徑》（簡體版，上海光啟社），《短誦：沉入靜默》（公教真理學會），《若望．邁恩神父與愛的團體》（簡體版，河北信德社）。

爾谷/馬可福音》1：3）這句話並非只是說給修道人的，所有人都要預備道路修直途徑，所有人都是修道人，因為所有人都是朝聖者。那個關鍵點或可借沙漠教父的話說出來：「如果你整個人不能成為如烈火一般燃燒，你就不能成為隱修士。」火，是的，火，聖神的火，默觀的火。默觀是有力量的，默觀是最具力量的，誰能掌控自己的身體與心神，誰才是真正的勇者。在世界範圍內，如今在超過一百個國家的基督徒默禱團體和超過千個的基督徒默禱小組，形成了一個若望．邁恩願景中的「無牆隱修院」（Monastery Without Walls），在這個萎靡不振的「後現代」，以默觀為火，勇敢生活。願《革責瑪尼會談》這部書能幫助到修會團體、個體基督徒的內在更新。

文之光神父的三部書則是給那些渴望學習默禱，繼而因著從默禱獲得果實而願意分享它的人提供實操指南。對於默禱，並非讀得越多越好。文神父坦言，不必讀許多，也許唯讀那一兩本，因為所有的默禱書籍（包括其它講論默觀的書籍）都在重複同一個訊息，那就是「安靜下來，當知我是天主」（參《聖詠/詩篇》46：11）。所以操練最重要。坐下來，身心寧靜，在心中誦唸短誦，答案自現。這同偉大的禪宗智慧「無事此靜坐，春來草自青」的內涵不謀而合。基督作為導師的意義在此出現，基督本人就是答案。「我曾經風聞有你，現在親眼看見你」（參《約伯傳》42：5）。

我在倫敦攻讀神學期間，文之光神父把莉姿介紹給我作靈修陪伴。在我們初次見面時，格雷姆先生還健在，到我們第四次見面時，格雷姆先生就已因癌症去世，但莉姿堅持不中斷我們的分享，因為我們彼此心知，這是一份雙向陪伴。我記得我在給她的郵件中送給她一句薇依的話：「深信他人的真實存在便是愛」。沃森夫婦都是富有經驗的默禱者，莉姿在普世基督徒默禱團體成立第二年（一九九二年）便已加入團體，常年帶領各種避靜；格雷姆退休前是英國聖公會牧師，曾做過牧師培訓團及平信徒傳道員培訓團導師。這對有共同屬靈追求的伴侶，他們的作品其實有內在關聯，我在翻譯二人作品時清楚感受到這一點，相信讀者也不難感受到這點。

默禱是大公合一、宗教交談與和平對話的可靠途徑，每一種宗教都強調回到內心，與造物主親密對越。所以我將《默觀與合一：大公合一宣言》和《四位全球默觀祈禱導師的聯合宣言》放在附錄。默禱是跨越宗派和信仰的共同操練，若望．邁恩關於「無牆隱修院」的預見，以及諸多教會靈修學者和神學家積極支援的「無牆教會」行動都反應出這一點。教宗方濟各提出教會應是戰地醫院，不囿於圍牆內，救死扶傷，救治當代人精神上的創傷與饑渴。能真正止渴人類靈魂的，是那永恆之愛的本體，唯一的導師，「基督－默西亞」。在靈修道路上，不必向外求索，向內走，回到你的內室，回到核心。從基督本人、沙漠教父到聖本篤，再到若望・邁恩及當代所有默觀導師，以及所有走過這靈性旅途的朝聖者，這教導始終如一。

曾經相信真理要祕傳的我，終於明白，真理是簡單的，就在當下，在當下活出愛，就是答案。因為我們的導師只有一位，就是基督，他在當下與我們同在。願本書的讀者能藉由閱讀本書及操練默禱，重拾對生活的動力，對生命的熱忱，對信仰的信心及對愛的能力。

肖筱 Obl.S.B.

二〇二三年一月二十二日

大年初一

三十七歲生日之際

於花橋曠野聖母小築

第一部

基督徒默禱：你的每日操練

Christian Meditation:
Your Daily Practice

文之光神父（Dom Laurence Freeman OSB）著
胡彥波 譯

前言

這本小書是為要將基督徒默禱的要點簡單清晰地說明。本書可能特別幫助到普世基督徒默禱團體內每週默禱小組的帶領者。但是，因為默禱的要點很簡單——就是純樸性（simplicity）本身——故此，本書可作為願意深化其靈修生活之人的入門讀物。

這些要點很實用。透過每日單純的靜默和靜定實踐，希望這些要點能有助於您在日常生活中拓展更豐富的意識幅度。

默禱絕對是單純及自然。正因如此，很容易將其複雜化。本書提供一些方法，如何邁向並深化這純樸旅途。為那些以為默禱又複雜又玄妙的人，希望本書能解答他們的基本問題。

本書希望能鼓勵讀者，不要只是思考而是操練默禱，實踐經驗足以解答有關默禱的問題。任何有關默禱的書籍、演講或課程的價值，就在於能否帶領人們邁入靜默的門檻。

本書七個章節可作為一個整體入門讀物來閱讀，也可分解作為每週默禱小組的系列開場演講內容。個人經驗和見證對任何靈修交流都不可或缺。當然，最基本的是，我們通過一起默禱，來教導人們默禱。實踐證明，任何傳統的默禱都是和平與團結的橋樑，並能打破所有為獲得耶穌所允諾的「豐富的生命」的障礙。

本篤會士 文之光

1 何為祈禱

何為祈禱？一個極為古老的定義如此形容祈禱：「把心靈以及頭腦提升至天主面前」。什麼是「頭腦」（mind），什麼是「心靈」（heart）？頭腦用以思考：提出問題、作出計畫、掛心煩惱、產生幻想；而心靈則用以認識：愛為心相知。頭腦是知識的器官，而心靈則是愛情的器官。智性意識（mental consciousness）最終必會向圓滿的認識之道敞開，那就是心靈意識。愛是完全的認知。

然而，我們大多的祈禱訓練均限制在頭腦。孩提時期，有人曾教導我們念經，為我們以及別人的所需祈求天主。但這不過是祈禱奧蹟的一半。

另一半即為心靈的祈禱。在那裡，我們不去想像天主、不喋喋不休、不祈求什麼東西。這祈禱是在耶穌所賜予的聖神中，與寄居在我們心中的天主在一起。聖神是愛，是聖父與聖子之間流動著的愛的聯繫。就是這位聖神，耶穌把「她」[4]注入到每個人的心靈當中。因而，默禱就是在聖神內的心靈祈禱，藉此我們與耶穌的人性意識合而為一。

4. 在希伯來語中，rūaḥ／Spirit的詞性是陰性。

> 我們不知道我們如何祈求才對，但聖神自己卻在我們內祈禱（《羅馬人書》8：26）。

智性祈禱（mental prayer）是用言語或思索天主來祈禱，對此我們可以制定規則。智性祈禱的方法有許多，但對於心禱（prayer of the heart）而言，既無技巧，亦無規則：「聖神在哪裡，哪裡就有自由」（《格林多人後書／哥林多人後書》3：17）。

聖神在當今教會中，尤其自六十年代初期的梵蒂岡第二屆大公會議以來，一直在教導我們，要我們去重新尋找祈禱的這另一個層面。大公會議論述教會和禮儀的兩個文獻，皆強調在現今基督徒的靈修生活中，有必要發展「默觀祈禱的傾向」（a contemplative orientation）。無論我們的生活方式如何，所有人皆蒙召去全然經驗基督。

這意思是我們必須超越智性祈禱的階段，即與天主說話、思索天主、為我們的所需向天主祈求。我們必須要往深處去：在那裡，在他於聖神內與聖父合而為一的深邃的靜默中，耶穌自己的神在我們心中祈禱。

默觀祈禱並非隱修士和隱修女們或者某些密契主義者的特權。它只是我們蒙召應到達的一個祈禱幅度。這種祈禱不是奇特的經驗，也不是意識狀態的改變。它是多瑪斯．阿奎那[5]所說的「單純的享受真理」（simple

---

5. Thomas Aquinas，生於 1225 年，卒於 1274 年，道明會士，天主教會聖師，「天使博士」，中世紀最重要的神學家和哲學家。著有《神學大全》、《駁異大全》。

enjoyment of the truth）。威廉．布萊克[6]提到「潔淨知覺的門戶」（cleanse the doors of perception）的需要，好使我們看清楚一切事物的本來面貌，就是「無限」。

在平日生活中，默觀的醒覺就是這樣。默禱把我們引入這一份醒覺中。這份默觀的醒覺，是祈禱奧蹟的一部分，屬於任何尋求存有圓滿（fullness of being）的人。

把祈禱看作一個巨輪：巨輪的轉動把我們整個生命朝向天主。祈禱是完滿人生本質上的一環。若不祈禱，我們的信仰只是不死不活不冷不熱。

車輪的輪輻，象徵不同類型的祈禱。根據感受的不同，我們會在不同時間，以不同方式祈禱。不同的人有自己偏好的祈禱方式。譬如，輪輻可以象徵聖體聖事、其它聖事、靈意祈禱、求恩與代禱、神恩性祈禱、熱心敬禮、玫瑰經等等。

然而，所有這些不同種類的祈禱之所以都是基督徒式的，因為它們都集中在耶穌身上。輪輻是祈禱的形式或表達，它們適應於車輪的輪軸，亦即耶穌自己的祈禱。

耶穌的祈禱是基督徒祈禱的基本意義及泉源。我們可以套用聖保祿的話：「我不再祈禱，而是耶穌在我心內祈禱」。所以，在這個車輪雛型內，所有祈禱方式都是流入並流出自耶穌的聖神，他代表造化及在造化內

---

6. William Blake，1757－1827，英國詩人、畫家、版畫家，被認為是浪漫時代詩歌和視覺藝術史上的開創性人物。神祕主義是他藝術和詩歌生涯的靈感來源之一。

朝拜天主。所有的祈禱形式都正確，也都有效。它們皆受啟於耶穌人性意識的祈禱，而透過聖神的恩寵，這耶穌人性的意識是在我們內的。

以上說的祈禱之輪，是從信仰角度出發和理解。在默禱時，我們並不會思索任何這些。透過經驗，這車輪教導我們一些極為重要的事：在車輪的輪軸上，就是祈禱的中心，你會找到靜定。圓心若無靜定，圓周就不會有運行或成長。默禱就是找到並與這個靜定合而為一的工作，這也是聖神的標記。「你們要靜下來！並知道我是天主。」

默觀祈禱是對耶穌祈禱的徹底開放，並與其結合為一。默觀是靜默、靜定和純樸的狀態。耶穌祈禱的核心是他在聖神內，與聖父愛的共融，而專注轉向於聖父。

因此，基督徒祈禱的意義是進入天主聖三的生命之中，那是在耶穌人性的頭腦及心靈之內，藉著透過他、並且偕同他，而進入的。

對許多人而言，祈禱基本上是在特別危難的時刻，對天主特別求助的呼籲。在這樣的時刻，以這種方式，向天主表達我們的信仰和信賴是自然的。但我們對天主的信仰是什麼？不就是耶穌所說，在我們懇求之前，天主已經知道我們所需要的嗎？

向天主表達我們的需要，既不是為通知天主祂不知道的東西，也不是為要說服天主，要祂改變主意。若我們為自己的需要祈禱，首先是因為這樣做能加深我們對天主的信賴：就是祂知道並加以照顧。

除非這種信仰清晰並深入，否則我們的祈禱很容易會陷入發展不良的地步，停留在自我的階段。對許多基督徒而言，這是他們目前信仰的危機。同時，這也反映出通常較為膚淺的靈修水準。

心禱、默觀祈禱和默禱，本質上是信德的祈禱。在靜默中，我們接受一個事實：天主知道我們的所需。而這種認知是愛，那創造我們及最終使我們達到完滿的愛。

若這一點能幫助回答「祈禱是什麼」，那麼下一個問題便是「我們如何祈禱」。只有透過祈禱，才真正發現祈禱的意義。同樣地，我們發現，真正有意義的生活，其心內一定由祈禱所占有。

2 如何祈禱

聖保祿說，我們不曉得如何祈禱，而是聖神在我們心內祈禱（《羅馬人書》8：26）。這是瞭解基督徒祈禱之真正意義的關鍵。聖保祿的話意即，學習祈禱不是透過嘗試祈禱，而是透過放棄，或說是放下嘗試；取而代之的是學習存在。

如此便打開心靈的深度祈禱，就是在這心靈內，「獲得聖神之恩」，「接受天主的愛」（《羅馬人書》6：5）。這是純正的經驗，遠超過思想、教條和想像。

一個重要問題是：我們如何能夠打開整個自我，好能在我們「內心深處」有對此愛情的純正經驗？首先，我們來看看默觀中三個不可或缺的要素。這些要素回應了我們「如何」這個問題：我們祈禱是成為靜默、靜定及純樸。

1. 靜默 Silence

為了心理健康，我們需要靜默；為了心靈成長，我們亦須靜默。現代都市的電視、手機訊息和交通的囂雜，使得越來越難經驗到靜默。

但真正的靜默是內在的。事實上，即使身處極其嘈雜的所在，若全神貫注——意指與我們自己的中心合一——我們依然能夠靜下來。

透過專注，我們學習到靜默。注意力會讓我們有完全的醒覺，同時也會把我們從過去和將來帶回溫柔和安穩的當下。

我們沒有理由不能在繁忙街道上、在交通阻塞時、或在超市等候的排隊中靜默。學習在祈禱時靜默，教導我們時時刻刻去「祈禱」。它同時也教導我們運用日常生活中每一個延誤或挫折作為機會（那實在是恩賜），在我們新發現的靜默中，學習更深遠的聆聽和等待。

靜默是信實的，也是療愈的。靜默能撫慰我們內在的騷動。對於有害的憤怒、焦慮和苦澀，靜默就是藥方。

我們在靜默中學習聖神的普世語言。在無邊際的、遍及我們一切所思所行的靜默中，天主講出造化的話語。

靜默在祈禱中，就像在兩個人之間一樣，是一個信賴和接納的標記。

假若沒有靜默的能力，我們就不能聆聽對方。究其本質，靜默就是全然的心靈和真理的朝拜。

因此，靜默並非僅是遠離噪音；靜默是一個存有的態度，相處的態度，對互相瞭解及溝通的開放，這就是愛。

2. 靜定 Stillness

一首聖詠說道：「你們要靜止下來，要知道我是天主」【你們要停手！應承認我是天主（《聖詠／詩篇》46：11）】。靜定的意思不是指惰性狀態或死亡。認識天主就是全然生活著。

人由肉體、精神和心靈等不同力量及能量組成；而靜定就是這許多力量及能量的融和。

靜定如同靜默一樣，亦有外在和內在兩個幅度。靜定與抑制、封鎖、或壓抑的動力及行動完全無關，它是一切動力與行動的實現。

在祈禱中，身體需要達到靜定。這是在我們存有的中心，朝向天主的內在旅程的第一步。身體的靜定，有助於我們認識到我們肉體的神聖性，「聖神的宮殿」（《格林多人前書》6：19）。

事實上，單單學習靜坐便是踏足任何靈修之途的偉大一步。對許多人來說，這是超越欲望的第一課：抓癢或坐立不安是欲望的一種。身體坐立不安，不但反映出身體的壓力和張力，也反映出各種精神焦慮和煩亂。身體的靜定對頭腦的靜默有直接作用，也因此可以極大幫助身體、頭腦和心靈達致和諧。

靜定的下一個層面是內在的。使頭腦靜止是祈禱中的極大挑戰。我們如何處理頭腦中持續不斷的活動呢？佛教徒聲稱，我們的頭腦中有一百五十一種活動同時進行著！欲望、夢想及期望會分裂並主宰我們的頭腦。

3. 純樸 Simplicity

基督徒的祈禱正在覺悟到這個事實：我們現今就在天國家園裡。耶穌告訴我們，天主的國度就在我們中間；若想進入這個國度，我們必須變成小孩子。「這個國度不是一個地方，而是一種經驗」（若望・邁恩）。要做到純樸並非易事。我們總是不斷分析自己或者別人的感受和動機，自我意識使我們變得異常複雜和糾結。

但天主是純樸的，愛是純樸的。默禱亦是純樸的。做到純樸就是做自己（being ourselves），那就是超越自我意識、自我分析及自我拒絕。

默禱是一個普遍性的靈修實踐，引導我們進入這種祈禱狀態，進入基督的祈禱。默禱藉著其本身的靜默、靜定和純樸，帶領我們進入靜默、靜定和純樸。

這個方法就是：在默禱時，忠實地、親切地重複一個神聖詞彙。如今我們把這個神聖詞彙，稱為短誦（*mantra*）。這是極其古老的基督徒祈禱方式，由本篤會會士若望・邁恩為現代基督徒重新找回。

若望・邁恩通過早期基督宗教隱修士們的教導，即沙漠教父，尤其是若望・伽仙（John Cassian），重振了這種使智慧安息於心靈內的方法。這與十四世紀寫於英國的《不知之雲》（*Cloud of Unknowing*）同出一個傳承。

若望・邁恩說，默禱時應該：

1. 挺直背部，靜止不動地坐下來。
2. 閉上眼睛。
3. 在內心中連續不斷地，重複你的短誦。

每日早晚選擇一個安靜時間及地點，每次默禱約用二十～三十分鐘時間。

古阿拉美文中的片語*maranatha*是一個理想短誦。把它分成四個均等音節，清楚地、持續地在心中默念：*MA-RA-NA-THA*。在默念時，不要太快，也不要期待什麼事情會發生。要以你整個身心去聆聽這個短誦。每當分心走意時，溫柔地回到這個短誦上來。要純樸，並要忠信。

阿拉美文是耶穌所說的語言，他常用同一種語言的詞*abba*（阿爸）來指稱天主。*Maranatha*是基督徒最古老的祈禱文，意思是「主請來」或「主必來」。聖保祿在致《格林多人前書》16：22，以及聖若望結束《默示錄》時，都用了這個片語，來表達初期教會深邃且單純的信仰。

*Maranatha*這個詞的意義和聲音都十分重要。然而，在默念這個詞時，不要去想它的意思。短誦帶領我們達致純粹的存有（pure being），比思考更深遠。短誦藉著信德帶領我們。我們要以信德和愛德去默默誦唸短誦。默誦短誦時，我們在聆聽，這是信仰旅程上不斷深入的一個功夫。

四個幫助你堅持不懈的原則：

1. 不要有任何的要求或期望；
2. 不要評估你的默禱；
3. 借助早晚操練，將默禱整合到你的日常生活中；
4. 日復一日，活出默禱的果實。

3 基督徒默禱傳統

作為基督徒，我們默禱是因為我們相信復活的基督，他活著並活在我們內。作為耶穌導師的門徒，當他召喚我們撇下自我，我們對他有信心，跟隨他步入天主之國，去「分享天主的存有」（the very being of God）。

我們的信仰使我們的默禱是基督徒的默禱。稱其為基督徒默禱，因為這默禱在我們的存有深處（our inmost being）中，建基於耶穌人性的意識。作為基督徒，我們自然地與其他基督徒一道默禱；並在團體內藉著聖經、聖事、以及各種透過聖神之愛及同情服務他人的方式，令我們的生活獲得指引和充實。

默禱的基本神學就是福音的基本神學。耶穌以他的生命、死亡、復活為我們打開一條通往天主的路。他又藉著派遣聖神給我們，成為我們的道路和嚮導。

耶穌沒有教授過任何特別的祈禱方法，然而我們可從山中聖訓（《瑪竇／馬太福音》第六章）提煉出他的祈禱訓誨：默禱就是找到他、跟隨他的一條途徑。默禱與他對祈禱的教導完全吻合。

1. 祈禱與善功一樣，絕不能僅僅停留在表面。祈禱不是為在外表上看起來神聖，或者贏取別人的讚譽。祈禱甚至也不是感受到自己神聖。耶穌說，「不要讓你的左手知道你右手所行的」。祈禱是一件謙虛的、沒有自我意識的工作，幫助我們辨別真相（《瑪竇福音》6：1－4）。

2. 祈禱必須是內在的。喜歡把祈禱公開的人，容易墜入偽善、表裡不一。耶穌要我們進入「你的內室」在「暗中」祈禱。「暗」在此也意指「奧祕的」。奧祕並非魔術；奧祕是對現實的體驗，但這體驗卻是思想意識不能透過自身來容納或理解的。祈禱就其本性而言是奧祕的，而人類生命中最奧祕的所在便是人心。「內室」隱喻人心的內在小築（《瑪竇福音》6：5－6）。

3. 在祈禱中，我們必須不「嘮嘮叨叨」。更多的話語不儘然使天主更好地垂聽我們。祈禱不在於數量：「許多的禱文」；而在於品質：「專注」（《瑪竇福音》6：7－8）。

4. 祈禱首要的並不是為物質祈求天主，因為祂「在我們求祂以前已知道我們需要什麼」（《瑪竇福音》6：8）。

5. 我們必須優先尋求天國的心靈財富，先於物質的福樂（《瑪竇福音》6：19－21）。

6. 我們必須學會不再為將來憂慮，信賴天主。焦慮是祈禱的仇敵。焦慮使我們太過以自我為中心，阻礙我們認識心中的恩賜，這恩賜其實早已在愛中存留在我們心中（《瑪竇福音》6：25－37）。

7. 最後，耶穌說祈禱應「先尋求天主的國」。換言之，專注於「需要的惟有一件」，就是說要留神。那麼，其餘的一切便會賜予你們（《瑪竇福音》6：33）。

耶穌這七個有關祈禱的訓誨，就是我們在默禱中要實踐的：謙虛、內在、靜默、忠信、屬靈、平安、專注。

當下

耶穌告訴我們不要為明天憂慮。在默禱中，我們不去思考過去和將來，而是學會圓滿地活在當下。不幸的是，天主似乎常常不在我們面前，因為我們「不在」此時此刻。受困於對過去的思慮和將來的夢想，我們耗費了太多的生命。

思慮過去會產生懊悔、懷舊、憂鬱或內疚的感受。想像將來則很快就會滋生焦急、恐懼和憂慮。這些感受組成的情緒組合不能帶來平安。過去和將來，是頭腦構想出來的；在兩者之間，你會發現當下才是絕對的現實。在默禱中，我們進入當下；當下是無限的微小，因而也無限的廣闊。

穿越所有對過去和將來的思慮，短誦清掃出一條道路，為能在一種無思想的狀態中，揭示出此時此刻光芒四射的現實：就是基督之刻（the moment of Christ）。

只有在當下我們才能找到天主，而這天主稱自己為「我就是／I am」（參《出谷記》3：14）。

生活在當下是一種在日常生活中操練的藝術。因此，平常的生活便是默禱最好的學校。它指出僅把天主與宗教、寺廟、會堂、清真寺或教堂，或與虔敬的話語，或與宗教禮節掛鉤的局限。天主無所不在，無刻不在。默禱是每日的操練，教導我們在此時此刻認出天主。

默觀的經驗很簡單，就是對當下足夠的警醒。做默禱無須精通任何繁難的技巧或理論。只須人在家中警覺即可。而這就是短誦幫助我們要做的。

4 若望・邁恩的生平與教導

對世界上許多不同地方的人們來說，若望・邁恩曾經及現在依然是一位寶貴的導師，透過教導基督徒默禱的傳統，引領人們進入一種更深邃的靈修生活。他把默禱視為「接受自身存有之恩賜」的一個方法，也是「確證信仰之真理」的一個方法。對於我們學習靜默的需要，他堅持不懈。他個人的生活故事，讀起來就像是一則當代人尋找天主的譬喻。同為本篤會士的貝德・格里菲斯[7]說，「依我之見，若望・邁恩是今日基督宗教中最重要的靈修導師。」

默禱入門

若望・邁恩一九二六年生於倫敦一個愛爾蘭天主教家庭。一九四二年從聖依納爵學校畢業，一九四三年在戰爭的結束階段往前線服務。接著他加入一個律修會（Canons Regular），但兩年後離開，轉到都柏林的聖三一

7. Bede Griffiths，1906－1993，英國出生的本篤會士、神父，後赴印度生活，是天主教靜隱所運動（Christian Ashram Movement）的核心人物之一，積極在天主教與印度教神學之間建立對話關係。代表作《東西聯姻》。

學院攻讀法律。畢業後，他開始在英國外交部工作，並被派駐到馬來亞。在那裡，他成為總督的職員並學習中文。

某天他受命去拜訪當地一位印度教僧侶。這位僧侶在吉隆坡市郊管理一所孤兒院和靜修所（Ashram）。履行公務之後，就靈修事宜他們展開談話。他很快便感覺到自己是在一位聖潔、開悟的人面前。這位高僧深度的內在經驗，對他的同情及修和工作來說，是能量與靈感的直接來源。從這位高僧身上，若望・邁恩學會一個簡單的默禱方法：每日工作前後，在兩段默禱時間內，忠實地重複默念一個短誦。每週他可以回到高僧那裡，與他一起默禱，從而使他對靜默、靜定和純樸等操練的委身得以鞏固。

返回歐洲教授國際法數年後，若望・邁恩自己在倫敦成為一名本篤會士。使他沮喪的是他的初學導師命令他放棄他的默禱，因為這不是「基督徒的祈禱方式」。若望・邁恩在《革責瑪尼會談》（*The Gethsemani Talks*）中說到：

回溯過去，我認為這段時光亦是一種奇異恩典。我的初學導師，無意地在我生命的核心中，開始教導我棄絕（detachment）。這默禱實踐對我而言是何其神聖，我亦曾尋求在其上建築我的生命，然而我學會放下這個操練。不同的是，我明白我的生命應該建基於天主本身。接下來幾年是靈修黑暗期，但我總是選擇服從，這是我隱修士生涯的基礎。但在我內心深處，我仍然堅信天主不會讓我永遠在荒漠中徘徊，祂會召我回到祂的道路上去。重要的是，我要通過祂的方式回去，而非我自己的方式。

數年之後，通過閱讀初期基督宗教隱修士們，即沙漠教父教母的訓導，尤其是若望．伽仙的《會談錄》，若望．邁恩被帶領重返默禱這條道路。他發現基督徒念短誦的傳統，繼而從基督信仰的經典及神學的豐富脈絡中，開始教導別人。

一個現代的傳統

若望．邁恩領悟，在這個純樸及古老的祈禱傳統內，各階層的現代人都能夠找到一種可適應其平常生活的每日靈修操練。他也意識到，使世界各大宗教相遇的唯一可實現的方法，就是每位信眾以這個靈修經驗的深度彼此溝通。

若望．邁恩的教導方式使我們想起口傳這個傳統，這種默觀智慧一直都是以口傳為主。他的講座錄音仍然繼續每週指導世界各地的默禱小組。

他是一位希望把別人領入其自身經歷的導師；同時他相信，一個人要教授默禱，就要與人一起默禱。在他的視域下，人靈修成長的中心，是由思想轉到經驗，由理論轉到現實，由頭腦轉到心靈的轉變。

若望．邁恩說，默禱對現代人最大的挑戰，是純樸。我們受到的培育都使我們看重複雜的東西。然而，純樸不易學到，因此需要操練。他堅持認為，默禱操練作為內在及每日的操練，並非僅是一種自我提升的技巧，他亦強調學習這操練時，需要耐心與溫和。

大師教導的精髓

按若望．邁恩的教導，默禱是認識及接納自我的途徑。這是認識天主不可缺少的第一步。但首要地，它不是理性的認知，因為它經由身體和頭腦的靜定等深度和諧而成。身體本身是走向天主之旅的一部分。它並非一段孤立的、單獨的旅程。默禱的慎獨（Solitude）[8]，喚醒我們與他人要深深地相互支援。因此，「默禱孕育團體」。

團體是若望．邁恩對未來教會的意向。基督宗教繼由中世紀到現代的身份遷移，下一個偉大步伐就是靈修革新。透過此革新，對於祈禱本身的基督徒式理解，將會有嶄新的認識。祈禱不是談論或思索天主，而是與天

8. 譯按，靈修學者建議將Solitude譯為中國典籍中的「慎獨」（《中庸》、《禮記》及朱熹），強調在獨處時仍謹慎操練，這是獨修者的積極生活態度，與孤單、寂寞等負面情感不同。
編按，Solitude乃中古英文，源自法文及拉丁文，意思是單獨一人的狀態，並不一定意味著孤獨寂寞。Solitude這個字本身暗含此人享受自己選擇的獨處。

主同在（being with God）。若超越狹窄的、以自我為中心對現實的看法，我的祈禱根本不是我的。若望・邁恩說，基督徒祈禱的本質，是於人的中心，於聖神內，耶穌的人性意識對天主的朝拜。

他又說，他並非是在聲稱短誦是唯一能夠到達這個中心的方法。

> 我並不想在此暗示，默禱是唯一的方法；不過我想說，這是我找到的唯一方法。在我自己的經驗中，這是純粹簡樸（pure simplicity）的方法，可使我們完全地、整體地意識到耶穌派遣到我們心裡來的聖神；這也是從宗徒時代直到現在，被記錄下來的基督徒傳統中的一條主線。
>
> （《短誦：沉入靜默》）

一九八二年，若望・邁恩在加拿大的一個小團體中逝世。從這個小團體，他的教導開始傳佈到世界許多角落。他的工作現今由普世基督徒默禱團體繼續。普世基督徒默禱團體是一個網路，由許多基督徒默禱中心和世界各地超過千個每週會晤的小團體而組成，它的中心在法國普瓦捷附近的美麗谷隱修院（Bonnevaux），同時在倫敦設有國際辦公室。《認識若望・邁恩的人眼中的他》（*John Main by Those Who Knew Him*）（由保祿・哈里斯編輯）一書，以及文之光的《若望・邁恩：他的生活與教導》（*John*

Main: His Life and Teaching）的講座錄音系列，都能找到出色描寫若望・邁恩生活與性格的內容。

5 操練

默禱是體驗式的，意即它是從經驗出發，而完全不是從理論或思想出發。若望．伽仙曾說過，「經驗就是導師」。這句話是若望．邁恩給現代基督徒重新找回這個祈禱傳統的靈感。

身體

默禱是一個降生於肉身（incarnate）的祈禱方法。身體並非天主與我們之間的一個障礙，而是天主藉著創造我們，所給予我們存有恩賜的聖事（the sacrament of the gift of being）；身體屬於復活耶穌的聖神的宮殿。

因此，身體屬於整個祈禱經驗的一部份。藉著默禱，我們便可以發現這一點。幾個簡單的原則如下：

- 坐下來：身體放鬆，但不是採用平時睡覺的姿勢。

- 靜止地坐好：身體表現出整個人專注與虔敬的態度。
- 背部直立：身體警覺又清醒。
- 正常地呼吸：腹腔呼吸較理想。
- 放鬆而警覺：平靜的形式。

頭一次坐下來默禱時，要花點時間找一個覺得舒適又穩定的坐姿。使身體明顯的緊張狀態放鬆：雙肩、頸項、雙眼以及前額。

下列一些基本坐姿可以嘗試：坐在有直立靠背的椅子上，或是祈禱跪凳上，或者藉助一小塊軟墊席地盤膝。十分值得嘗試這些不同姿勢，直到找到最合適自己的坐姿。

對身體來說，瑜伽操練中採用的姿勢和呼吸練習，是卓越的屬靈實踐，能夠訓練我們把身體視為天主的恩賜和宮殿而加以敬重。對為準備默禱的放鬆，這些姿勢和呼吸練習亦很理想。

時間和地點

選擇一個寧靜的時間和地點，使自己不會分心或被打擾。要將默禱時間視作優先時間。你可以拔除電話線或將手機調至靜音。

漸漸你會明白，默禱者為何認為這些時間是一天中最重要的部分。可能的話，保持每天相同的地點和時間。這樣有助於深化生活中祈禱的節奏。但首當其衝的是，對待自己要溫和。要慢慢將這項新的操練嵌入到你的生活當中。記得操練（discipline）這個字，猶如門徒（disciple）一字，都源於同一個詞根：學習。

在讀報或者打電話之前，清晨是第一段默禱的最佳時間。忙完一天的工作之後，在晚餐及晚上活動之前，傍晚時分是第二段默禱的良辰。

晚間默禱通常最難忠守。盡力後，仍須接受不可避免之事的發生。但不要太輕易就放棄第二段定期的默禱。要詳查日程表，為它留出空檔。為何常常是最忙的人，能夠安排出每日默禱時間呢？因為這兩段時間所給予你一天的，遠非它們所佔用的那一個小時所能相比。然而，惟有你自己的經驗，能夠說服你這一點。

你可以播放一段音樂，或任何能使你安靜下來並集中心神的方法，去準備並結束每次的默禱。當然，默禱可以和其它祈禱方式結合起來，例如，參與感恩祭或讀聖經。

用一種固定及守紀律的方式去計算默禱時間。以外在的方法來計時比較好，例如使用安靜的計時裝置。千萬不要縱容自己隨意縮短或延長默禱時間，而要溫和地自律。

與團體每週定期的共同默禱是個有力的方法，深化自己的操練。你自己會得到鼓勵及啟發，無論是來自其他默禱者，或來自每週默禱教導，或來自進入「那裡有兩個或三個人因我的名而聚在一起」而基督就「在其中」（《瑪竇／馬太福音》18：20）的經驗。假以時日，你會能夠與他人分享自己所得到的恩賜。

分心走意的解方

所有人在操練默禱時，所遇到的最大困難，莫過於連續不斷的分心。不要氣餒！所有曾經祈禱過的人，甚至那些偉大的祈禱大師亦不例外，都曾經驗到分心。分心不過是不斷的頭腦活動的影響罷了。處理所有這些雜念，最簡單而有效的辦法，就是誦唸短誦。

1. 切勿嘗試去擺脫分心的事物，無論是思想、圖像或感覺；
2. 將所有注意力集中於短誦，就是在默禱期間，自始至終，溫和地、忠實地返回到這個短誦；
3. 不要給惹你分心的事物任何注意，把它們看作背景雜音（background noise）好了，就像窗外交通的雜訊一樣；

4. 保持謙虛、耐心、忠誠，並具幽默感：不要輕易放棄。不要低估自己所需的毅力，也不要輕看那將會賜予你的恩寵。

短誦像似穿過一片森林的小路。無論這條小路如何窄狹，只要忠實地沿著它向前走，就會被領出頭腦中的叢林，而到達心靈廣袤開闊的空地上來。每當發現自己偏離這條小路，即刻返回到它上面來就好。短誦的最大恩賜是它的直接性（immediacy）。在頭腦的叢林中分心走意，或者迷失無論多長時間，你離這條小路其實無非只一步之遙。只是再一次開始誦唸短誦，你就會回到這條小路上來。注意力要集中，就會返回當下，就是基督之刻。

成與敗都不是形容你默禱經驗的恰當字眼。因為這些都是由自我出發的字眼（ego terms），而在默禱中我們卻學習「捨棄自己，放下自我」。

沒有成功，沒有失敗，只有信德：在愛德中活躍的信德。每當成敗的感受浮現時，只須觀察它們，並記住它們由何而來即可。這樣，它們很快就會消退，而你的信德則會得到鞏固加強。

6 默禱的果實

默禱過程中所「發生」的事情無足輕重。許多時候（事實上是經常），什麼事也不會發生。就像一趟長途飛行，從機窗向外望去，看到雲彩；除了藍天白雲外，別無它物。儘管有時飛機會顛簸，你會繫緊安全帶，信賴機師。有時你也會看到極美麗的黎明，絢麗的日落，或者是層層疊疊的光環。但重要的是，你正穩穩地飛向你的目的地。旅途無論多麼美妙、震盪或平淡，你都不會想要機師把引擎關掉！

默禱並非為要改變意識的狀態，或者看到和經歷非凡事物。默禱乃為要更圓滿地進入平凡，並從而尋找到其中的絕對神妙，就是天主的臨在：平凡充滿不平凡。

保持每日兩段默禱時間，並因此穩步成長時，你會發現，這種規律對每天的整體平衡及祥和是多麼重要。錯過一次時段的默禱，你會感到缺少一些極重要東西的那份不足。縱然在默禱時間內有騷動和分心，默禱仍是你一天中最重要的部分。透過遵循如此純樸的操練，你就活出每日做門徒的身份（daily discipleship）。

內在的轉變

就是在日常生活中，尤其是在你和他人的關係中，你會注意到默禱的果實。意識到這種個人內在的轉變，並不會太急速或太戲劇化。這個轉變，會由與你一同工作和生活的那些人向你反映出來。他們會說，你變了！

這個轉變在聖保祿所說的「聖神的效果」（《迦拉達人／加拉太人書》5：22）中描述得最好：仁愛、喜樂、平安、耐心、仁慈、善良、忠信、柔和、節制。以自己的品性去思考這每一項品質。除聖神以外，你比任何人都更明白自己最需要哪些。

要注意，仁愛置於首位，「最崇高的恩賜」。在仁愛這條道路上，我們找到生命中一個全新的喜樂，甚至在遭受重壓和受苦難的時刻亦然。

喜樂則比愉悅和快樂更深刻。喜樂的出現，是對生命中單純及自然事物的全新領略。

平安是耶穌在聖神內賜給我們的恩賜。這是耶穌內心深處，與自己、與聖父、與受造物和諧的能量。

對於我們急躁易怒、憤激、偏狹等的爆發，以及我們種種要控制和占有別人的手段，耐心是良藥。

仁慈是一份恩賜，就是以自己願意所得到的對待，去對待別人。

善良非屬「我們」所有，因為我們本質上是善的，人性是神聖的，因為天主創造了我們並活在我們中。

忠信是透過每天默禱和短誦的操練而得的恩賜。任何關係若想在人性和愛中達致圓滿，皆有必要在忠信中得到深化。

柔和是對他人，也對自己，實踐非暴力。

我們如果要在聖神完滿的自由中享受生命，節制就有必要。它是默禱中平衡的果實，兩個極端之間的中庸之道。

根據《不知之雲》，「罪人可以成為最完美的默觀者」。這是基督徒福音和生活的核心：耶穌來是為召叫罪人，而非義人。因為我們在自己存有的中心，開始轉向愛的力量，聖神的果實便在我們內開始逐漸成長。

當我們學習聆聽內心的語言時，這種種的恩賜便得以釋放；這語言就是在我們嘈雜自我固定的軌道之外，等待著我們的靜默。

我們存有的根源，也是治療並使我們整合的根源。成為整合的一個人，就是成聖。在默禱中，我們藉著治癒的過程並在這過程中，得到聖化。

7 進展：旅程

若望・邁恩把操練默禱稱作是邁向自己內心的一個朝聖之旅。朝聖是以聖神的力量，走向一處聖地的旅程。而世界上最神聖的地方，就是人心。我們可以獨自走向那裡，但我們卻不是一個人在走。默禱中的慎獨（solitude），治癒我們最痛苦的孤單（loneliness），並揭示出我們自己身處一個既深入又必需的關係之中。

最好把這個默禱旅程，想像成是螺旋型的，或一個明陣（labyrinth），而非兩點之間的一條直線。這就是為何曼荼羅圖形（mandala）被視為心靈旅程的普遍標記。有時看起來，我們好像在不停兜圈，實際上我們卻是往裡面繞行，不斷地越來越靠近中心。

法國沙特爾主教座堂（Chartres Cathedral）地板上的朝聖明陣（Pilgrim's Labyrinth），自十三世紀已有。從入口循著路徑走到中心，你會很好地感受到我們在默禱中通往內心的旅程。有時你會受挫，有時會迷路或有浪費時間的感覺，然而你離開中心一直都不遠，且總是在繞行中一圈一圈地更

明陣

（Labyrinth）

為接近，直至到達為止。走在途中時，你自始至終也從未離開過要到達的目的地。錫耶納的加大利納[9]（St. Catherine of Sienna）說：「通向天國的道路就是天國本身，正如耶穌本身就是道路。」

一位早期的基督徒作家，曾把天主的奧蹟比喻為一個圓圈，一個圓心無處不在的圓圈，其圓周則遍處皆無。耶穌把聖神比作風，「你不知道風從哪裡來，往哪裡去」。你無法度量心靈之事。因此，我們無須衡量或者判斷祈禱。

耶穌曾說過，他知道自己從哪裡來，往哪裡去。因此，祈禱是到達自我認知的旅程。漸漸地從自私的自我中心和自負感解脫後，我們就會在認識自己本來面貌的知識中成長。「真實的自我」是生命中最寶貴的價值，因為在這一點上，我們與天主相遇；我們也是在此，與天主及萬有合而為一。每天的默禱工夫，便是認識到這一點的日常過程。

由於這是一條靈性之旅，每一段旅程都有不同的階段；儘管我們不能把這些階段加以衡量。

皈依一詞意指方向的改變。首次開始默禱時，我們或許會感到皈依的「初熱」。要做的操練看來簡單，並且我們熱情洋溢，就好像初次與另一個人建立關係。毫無疑問，這開始時的熱情會受到考驗，並需要藉委身得以深化。

---

9. 1347－1380。義大利主保聖人，歐洲主保聖人，道明會第三會會士，神祕主義者，受五傷者，天主教會四位女聖師之一。最為被稱道的貢獻是幫助教宗額我略十一世把聖座由法國亞維農遷回義大利羅馬。代表作為《對話錄》。

過程可能變得艱難，然而在學習鍥而不捨的同時，我們認識到天主及我們自己本性中深邃的奧蹟。在這個過程中，當被壓抑的感受或記憶浮現至我們的意識表層，騷動時期便來臨。在這時可能會有負面感受，然而這過程卻具有淨化性與釋放性。此時，他人給予的支持極其有益。

另一些時候，尤其在一個長期爬坡階段後，我們感到自己正突破重重阻力，好能進入對天主、對自己、對別人的深入認識和愛慕中。隨後，我們會感到一種充滿身心的平安和喜樂。重要的是接受這些時刻和經歷，而非設法去占有、複製或操縱它們。恩寵意為恩賜（Grace means gift）。我們執著抓住一個恩賜時，它便不再是一個恩賜。

神貧

走上這趟旅途，我們學會尊崇神貧的崇高品質。

神貧的人是有福的，因為天國是他們的（《瑪竇／馬太福音》5：3）。

若明白短誦之道是神貧之道，這段旅程就能保持純樸。然而純樸不同於容易。神貧意味隨時隨事放下。諾威奇的朱利安姆姆（Julian of

Norwich）[10]這樣描述神貧：「神貧是一種在一切事上都保持完全單純的狀態。」所以，短誦幫助我們實現耶穌「放下自我」和「捨棄一切」的教導。

隨著日復一日默禱，我們會發現短誦扎根於心中，如此便能既生活於日常工作的迴圈，又可懷著對天主臨在的更強烈意識安憩。生活變得越來越具靜觀意味，換言之，生活越來越扎根於當下、越警醒及越具同情心。

內心旅程的不同階段反映於短誦的深根，以及為誦唸短誦所費力量的減少。起初，我們在不斷分心走意中誦唸短誦。隨後，默念短誦更為省力，亦不受分心走意干擾。最後，全神貫注地聆聽短誦，並且超越分心走意的力量。

當然，短誦只是一項操練，不是一個目的。短誦是達致神貧的一個方法，本身並非天國。將來會有一個時刻，一個不能預知的時刻，短誦會將我們帶入絕對的靜默之中，並超越短誦自身，進入與純粹祈禱的合一。對於這經驗，無須期望、想像或虛構。每當你開始知道自己靜下來時，應只是單純地繼續誦唸短誦。假若意識到這種靜默，你就當然不是完全靜默；你仍在思考，所以仍應以短誦繼續。

若以真正的純樸之心去遵循，以下方法一定沒錯：要不斷誦唸短誦，直到結束；不要選擇何時停止；一旦發現自己已經停下來，那就再次重新

---

10. Julian of Norwich，1343－1443，屬中世紀晚期密契神學中的英格蘭「學派」。生命垂危之際出現密契經驗。這種經驗還帶來了康復，從此致力於理解其神視。其著作的核心概念與貢獻，則是其對天主聖三的解釋：天主的母性，「母親耶穌」，以及女性中的神性問題。著有《神聖之愛的啟示》。

開始。

所有這些默禱階段都是迴圈的，也是前進的。我們會在同一個範圍打滾多次，直到所有工作完成。談到前進，最重要是記得：我們所有人都是初學者。意識到這一點，會使我們的生命充滿驚喜和自由。初學者最知道如何感恩。

第二部

基督徒默禱：革責瑪尼會談

Christian Meditation:
The Gethsemani Talks

若望・邁恩神父（Dom John Main OSB）著
劉芸 譯

前言

一九七六年十一月，若望．邁恩神父應邀為美國肯塔基州革責瑪尼隱修院的隱修士們分享如何做默禱，這所隱修院是多瑪斯．牟敦（Thomas Merton）[11]生活過的地方。本書包括若望．邁恩神父整個的分享內容，標誌著他做為導師的歷史性時刻，對於今天的靈修指導也具有重要意義。

若望．邁恩神父以一名隱修士的身份為弟兄們分享默禱的傳統。本書對靈修生活方面的教導，在過去二十多年間指引著不同背景和傳統的人。若望．邁恩神父傳授了那珍貴的、古老的祈禱及靈修訓練方式。整個分享以個人化的形式進行，提醒我們靈修傳統其實就是口傳的，是一種人與人之間的交流，最典型的形式非聖言禱讀（*Lectio Divina*）[12]莫屬。

所以，從個人的角度，若望．邁恩神父描述了他對於默禱的探索，首先是東方傳統，初期基督徒，以及沙漠教父的教導，去重新認識基督宗教的傳統。他自己的默禱體驗又引導他更好地理解作為一名隱修士在現代世界中的重要意義，在靈修傳統之間，在靈修傳統以及現代社會的精神荒漠和焦慮中搭建橋樑。他警覺地意識到，對那些在基督宗教信仰與日常生活

11. 1915－1968，美國作家，二十世紀最重要的天主教靈修大師之一，嚴規熙篤會士。其自傳《七重山》影響巨大，在教會內外皆享有盛譽。一九六八年時，他於泰國參與宗教對話活動期間，不幸觸電身亡。

中尋求更深更純體驗的人來說，這種形式簡單的「純淨祈禱」至關重要。若望．邁恩神父深刻認識到默禱是一種方法，它能啟發當代人生活中各方面的默觀幅度，使人們可以轉身去尋求同樣找尋著人類的天主。默禱者和隱修士其實是同類人。

這本書的可讀性及其實用性，在過去二十年來都得到肯定，它表明若望．邁恩神父所堅信的基督信仰的一個根本使命，被召成為使徒的使命：就是要在內心徹底、超越自我地轉向天主聖神。從若望．邁恩神父的觀點來看，基督徒默禱就是簡單地在內在活出宗徒們的精神：放下自我，跟隨基督，在超越自我後完全回歸天父。要實現這樣的回歸，我們要從頭腦轉變到心靈，從理智的相信轉變到心靈的信仰。默禱啟發引導的正是這樣深層次意識的轉變，也就是若望．邁恩神父稱做的「經驗」。傳統正好為實現個人經驗貢獻了智慧。

二十載的時間證明，若望．邁恩神父強調在傳統引導下回歸經驗，正好觸碰到當代靈修的關鍵。僅僅因為信徒群體的不完美和問題就否定基督信仰傳統，只會對這些拒絕傳統的個體文化造成難以彌補的傷害。認識到這樣的情況，許多師傅建議人們繼續在自己的傳統中探尋。但是對於大多數文化根基不深，沒有以基督信仰作為歷史神學根基而缺乏靈修操練的人來說，是很難做到的。

---

12. 直譯為神聖的閱讀，是源自曠野傳統，後流入本篤會傳統的閱讀默想聖經的方法，一般理解為四個步驟：誦讀、默想、祈禱和默觀。方式一般為一對一，由長者帶領弟子。該方法目前在天主教會已為一種普遍的讀經方法。

以下就是若望·邁恩神父為大多數人提供的幫助。他認為「默禱孕育團體」，在全世界正不斷成長的默禱團體證明了他的觀點。在家庭、堂區、醫院、學校、職場、監獄等等，有無數每週默禱聚會的小團體；基督徒默禱團體中心向來自各種信仰傳統甚至是沒有信仰的人開放；每年的若望·邁恩研討會[13]，由各行業領袖主持，從醫療到文學等不同領域，他們大多數為基督徒，一九九四年達賴喇嘛帶領了該年的研討會；整理為窮人和社會正義服務的人們所分享的默禱後感悟；專門為出版默禱教導的出版社——所有這些都是若望·邁恩神父所開啟的默禱工作的成果。他的工作還在繼續著。

在這初次關於基督徒默禱的公開分享中，若望·邁恩神父所表達的主題在他有生之年中一直在那些聽到他的人心中迴響。首先就是簡單性。對他而言，默禱是簡單的，對當代人來說祈禱的魅力與挑戰也正在於此。我們以為簡單就是容易，就是快。為了規範我們的幻想，若望·邁恩神父喜歡將默禱說成是一種紀律，而不是一種技巧或者是一種方法。像他以前的導師們一樣，他指明了達成簡單的最根本困難，表面上看是因為我們嘈雜的生活狀態，但其實是我們習以為常的個人主義，以自我為中心。只有簡單性才使人純樸，只有單純性才使人純潔。所以短誦，若望·伽仙[14]所謂的「Formula／公式／通訣／心訣」，就是這種簡單性的有形標記，它說明

13. 為紀念若望·邁恩，雛形始於一九八四年的若望·邁恩研討會是普世基督徒默禱團體的年度大會。歷屆大會皆設有主旨演講，歷年演講人包括本篤會士貝德·格里菲斯（Bede Griffiths），愛爾蘭前總統瑪麗·麥卡利斯（Mary McAleese），當代靈修學泰斗、芝加哥大學教授伯納德·麥克金（Bernard McGinn），哲學家查理斯·泰勒，嚴規熙篤會士多瑪斯·基廷、方舟團體創辦人溫立光等。二〇二二年若望·邁恩研討會的主旨演講人為歐洲理事會前主席范龍佩（Herman Van Rompuy），主題為《對民主的挑戰：民主的挑戰》。

默禱者進入福音所說的神貧以及心裡潔淨（《瑪竇／馬太福音》5：3，8）。

現代人的靈修渴望表明人們正在找尋一種新的生活方式，一種與人性各方面融合的、平衡的、確實的生活方式。若望．邁恩神父指出這是一種明智可行的目標，但僅靠良善的意願是不夠的。它要求一個簡化思想和潔淨心靈的內在過程。若望．邁恩神父接下來向我們保證，默禱的成果將通過改善人的個性以及對待世界的態度來顯現。首要的是，在神祕的愛中，我們與他人的關係以及對於自由服從規則的理解，這兩者的昇華將引領我們最後走向愛的自由。這幅美麗的遠景來源於日常生活中的默禱操練，來源於對每日兩次的默禱中所揭示出來的真理的理解，每日的默禱讓人心中本來就存在的祈禱長河重新流動起來，成為耶穌所示的「活水」，也就是人類的本性。像在他之前的幾代隱修士一樣，若望．邁恩神父知道堅持每日時辰祈禱將引導實現聖保祿說的「不斷祈禱」（《得撒洛尼人／帖撒羅尼迦前書》5：17）。

在本書中，通過若望．邁恩神父不斷地強調，清晰地說明和他鮮明的靈性品性，這些分享持續激勵著新一代的活力。所以這本小冊子成為基督徒默禱傳統、若望．邁恩神父人格魅力以及導師風格的最好介紹。

---

14. 若望．伽仙（360－435），東西方隱修制度的橋樑人物，生於東歐，後赴聖地、敘利亞及埃及學習隱修精華。他於法國馬賽建立男女修院各一座，著作《會談錄》和《隱院規章》，對《聖本篤會規》有直接影響。在東方教會，其瞻禮日是二月二十九日，在馬賽教區，其瞻禮日是七月二十三日。

會談 1

若望・邁恩神父談及他自己的默禱旅程

在聖本篤（St. Benedict）內，我最親愛的弟兄們[15]，在即將進行的一系列談話中，我希望同你們分享關於默禱的一點領會和感受，這比單純的祈禱理論更豐富。對我而言，那種雖然正確但不具人性化的理論永遠高高漂浮在空中。要把理論落實到地面，需要給予它人性化的背景，這樣，理論才不僅僅是正確的，更是真實的。

在我成為隱修士以前，很早就聽說過默禱。那時，我正在馬來亞的英國殖民局工作。我的導師是一位印度教高僧薩蒂亞南達大師（Swami Satyananda），他的寺廟就在吉隆坡郊區。因為一些公事與他接觸之初，他鎮靜平和的賢德就深深吸引住我。一次，在公事結束後，我很高興地發現他好像也願意和我交流，於是我們開始聊天。他問我有沒有宗教信仰，我告訴他我是一名天主教徒。他又問我是否默禱，我告訴他我試過，並在

15. 熙篤會雖然從本篤會分家而來，但《聖本篤會規》依然是熙篤會和嚴規熙篤會的根本規則，三家都是聖本篤內的弟兄姐妹，因此若望・邁恩神父如此稱呼聽眾。

他的要求下簡單描述了眾所周知的依納爵的默禱方法。他沉默片刻後輕聲說，他個人的默禱方法很不一樣。對於婆羅門教的僧侶，祈禱的目的是為了感受宇宙萬物之神臨於心中。他背誦了《奧義書》（*Upanishads*）[16]中的一段：「祂包容萬物，一切可做的，可想的，可聞的，可嘗的，祂懷抱整個宇宙，默默愛著一切所有。這就是我心中的神，這就是梵（Brahma）[17]。」

這位高僧那樣專注，意味深長地誦唸這段經文，所以我請求他接受我成為他的學生，學習他的默禱方式。他回答說：「默禱很簡單……你要做的就是靜默。如果你想學，我可以試著教，我建議你做的就是……每週一次到這裡來和我一起默禱。在默禱以前，我會分享一點，但重要的是我們一起默禱。」

我開始定期拜訪高僧。在我初次拜訪他時，他對我說：「默禱必須要靜，你必須保持身體靜止，集中注意力。在我們的習慣中，有一種方法可以幫助你靜下來並集中注意力。我們會念一個詞，我們叫它『*mantra*－短誦』。要默禱，你必須先選擇一個短誦反復念誦，忠實地，滿懷愛意地，不間斷地誦唸。這就是默禱。除此以外，沒有什麼需要講的，現在讓我們來默禱。」

就這樣大約十八個月，每個星期我都去找這位屬神的人，坐在他旁

16. *Upaniṣad*直譯為近坐，引申為祕傳。奧義書是古代印度一種哲學論文或對話錄，討論哲學、冥想以及世界的本質。大多數奧義書成了研究神祕主義哲學的著作。

17. 梵是沒有性質、沒有人格的宇宙精神、至高靈魂和實體，在印度教的古代形式婆羅門教裡，修行的最高目標就是個人和梵的融合，達到「人神合一」境界。在後來的印度教裡，梵具有了人格演變成梵天。

邊，和他一起默禱半小時。他告訴我，倘若我對這樣的探求是認真的——絕對有必要每天這樣默禱兩次，每次半個小時，每天堅持。他說：「若你只有來此地時才默禱，不會有多大意義，一天只默禱一次，也不會有多大意義。如果你是認真的，如果你希望這句短誦扎根心中，你最起碼要做到……早起默禱半小時，晚上再默禱半小時。在你默禱的時候，你的頭腦裡沒有思想，沒有語言，也不出現圖像。唯一的聲音就是你念的短誦，你的那個詞。」

「短誦，」他接著說：「就好像一種和聲。當在我們內響起這個和聲時，我們開始引發共鳴。那樣的共鳴引領我們走向完整的自我……我們開始體驗整個自我完全的融合。然後這和聲在你以及所有被造物之間引發共鳴，在你與創造者之間實現合一。」

我經常問大師：「這要多久才可以實現？多久我才能領悟？」但大師要麼忽略我的愚鈍，要麼綜其所有賢德和講授回答我：「念短誦。」在那十八個月內，他所說的核心就是：「念短誦。」

當我回到歐洲，在都柏林聖三一學院講授法律，還沒有披頭四，也沒有發現先驗冥想運動[18]，我發現沒有人真的明白我所表達的默禱。一開始，我試圖在我做神父的朋友中談論這種默禱方法，令我驚訝的是，我的提議總是受到質疑，有時甚至是敵意。

18. 先驗冥想運動（Transcendental Meditation）是由印度教僧侶Maharishi Mahesh Yogi於一九五〇年代創立於印度的冥想運動，因為著名搖滾樂隊披頭四樂團的來訪學習，在西方一代年輕人中興起了對冥想的熱忱。

從我跟他們的談話中，我瞭解到這些賢德的人忠實地仿效耶穌會士的默禱方式，他們中那些最虔誠的人每天早晨按部就班完成早課。對我而言，這樣的程式非常深奧，至少也有點複雜。對這些虔誠的人最有影響的一本書就是由嚴格熙篤會士肖法爾[19]（Jean-baptiste Chauffard）撰寫的《宗徒的靈魂》（*The Soul of the Apostolate*）。我微略估計，這本書在一九三〇年代的各個修院被廣泛推薦，但也就是這本書讓我覺得相當複雜。

對於我個人而言，我很享受那段在清晨和黃昏的默禱時光。一直以來，默禱不斷吸引著我，清晨和傍晚時刻成為我整日生活的真正中心。

大約在一九五八年，我的外甥病重去世。這個孩子的去世對我影響很大，讓我直面生死問題，思考存在的意義。當我回顧那段時間的生活，強烈意識到在我整個生活中，每日默禱儼然成為最重要的部分。因此，我決定以默禱作為我生活的基礎，就這樣，我成為一名本篤會隱修士。

然而，當我成為隱修士之後，必須服從初學導師的另一種祈禱方式。這種方式就是所謂的「行動祈禱」（prayer of acts）——半小時朝拜聖體，半小時省察，半小時感恩，半小時懇求，還有半小時祈禱，即在心中對天主說話，在腦海裡默想天主。我接受這一切好象是遵循命運的安排，聽從亞歷山大·蒲柏[20]所言：「何種存在，都是好的（whatever is, is right）。

19. 1858－1935，法國嚴規熙篤會士和宗教作家。他的關於祈禱和聖母敬禮的著作廣為流傳，被幾位教宗推介，在二〇〇八年露德之行，本篤十六世也引用了肖法爾的著作。他是他那個時代嚴規熙篤會士的代表人物，並主導購回了因法國大革命被國家強行徵收的熙篤會起源地的熙篤隱修院。

20. Alexander Pope，1688－1744，十八世紀英國最偉大的詩人。出生於天主教家庭，因此無法在推行聖公會信仰的學校就讀，自學成才，十二歲即發表詩作。牛津語錄詞典中收錄了二百一十二條蒲柏的作品精闢語錄。

雖然這種祈禱方式越來越不能滿足我的需求，對這事實，我靜候，阻擋一切負面心態。當然，作為一名隱修士，越來越忙碌，對這不滿足也不急於去正視和解決。

回溯過去，我認為這段時光亦是一種奇異恩典。我的初學導師，無意地在我生命的核心中，開始教導我棄絕（detachment）。這默禱實踐對我而言是何其神聖，我亦曾尋求在其上建築我的生命，然而我學會放下這個操練。不同的是，我明白我的生命應該建基於天主本身。接下來幾年是靈修黑暗期，但我總是選擇服從，這是我隱修士生涯的基礎。但在我內心深處，我仍然堅信天主不會讓我永遠在荒漠中徘徊，祂會召我回到祂的道路上去。重要的是，我要通過祂的方式回去，而非我自己的方式。

終於，我的徘徊生活看見方向，我本以為我對默禱的渴望將被永久壓制。當時我在華盛頓特區任聖安瑟爾讀本篤會男校的校長，那是我自成為隱修士以來最忙碌的一段時間，我解決了這所美國學校的部分行政及人事問題，全身心投入致力於提高士氣，確保宗教教育計畫的推進（我本人也授課），提高了學校的學術標準及籌款能力。

也就是在那時，有個青年人來到修院求教基督信仰的神祕主義傳統，他曾經走訪過印度教僧侶，現在希望瞭解天主教的內容。帶著想要故意為難他的想法，我讓他先閱讀奧斯定．貝克[21]寫的《神聖的智慧》，以為他

21. Augustine Baker，1575－1641，英國本篤會士，英國後宗教改革時期最重要的神祕主義者。著有《神聖的智慧》（*Sancta Sophia*）。

會因為解讀書中冗長乾澀的句子而安靜幾週。但令我驚訝的是，這個年輕人的回饋迅速且充滿熱情，以致於我覺得我自己也有必要重讀這本書。於是我們開始一起閱讀，很快我們開始一起默禱。

在貝克的書中，我重新發現隱修士忙碌但單調生活中的美，我理解那其實就是一種簡單實在的祈禱生活。同樣，在貝克的書中，當他談到有關「做法」以及「那些所謂的迸發式祈禱」時，他直接說明對短誦的理解。作為一個走過彎路回到正途的人，貝克的文字顯得自信且具有說服力。他寫道：

「可以確定的是，如果沒有真正的默觀精神，言語的祈禱既得不到延伸，也不夠穩固。默觀使人重新振奮，就算那些最純粹祈禱的修會也忽略了這一點。雖然像熱爾曼[22]和伽仙那樣嚴格按照修院規定過祈禱生活，但當他們聽到依撒格院長談論沒有任何圖像的單純祈禱時，仍然感覺驚歎。」

貝克總是提到聖本篤對伽仙《會談錄》的推崇，為此我也開始閱讀《會談錄》。讓我驚喜的是，在《會談錄》第十章中，我讀到通過默念短誦保持靜默為祈禱的必要性。「放開大腦去控制各種各樣的思慮，將之禁錮於一句簡短的詞語。」當讀到伽仙的這句話以及同一章中關於「不斷祈禱」的方法，我就又一次回到誦唸短誦的祈禱中。

---

22. 在若望・伽仙的《會談錄》中，熱爾曼是與其一道拜訪埃及沙漠隱修士的同伴，一起參與了依撒格院長的會談。

若望．伽仙以及他的朋友熱爾曼的求道故事，不僅是文本本身充滿智慧，它對當代的生活也充滿指引。如同現代成百上千的西方人嚮往東方，這兩位四世紀時年輕的隱修士最渴望學習如何祈禱，他們不眠不休地尋找老師。他們首先去到白冷的修道院尋覓傳統的修道生活，但卻因那裡日趨平庸的生活方式而失望。在當時，興起了一種神人同形論異端（anthropomorphism），這種觀點根據人是按照天主的肖像所造，從而以人的形式來理解天主，聖熱羅尼莫捲入了這場論戰。在這種背景下，伽仙和熱爾曼獲准到埃及沙漠去。在第九章中，伽仙講到他們去拜訪依撒格院長，要求他告訴他們有關祈禱的事。顯然，依撒格院長的講授來自內心而不是來自理論。他談的是他自己的體會，他自己的智慧結晶——從不斷地虔誠祈禱和齋戒中所領悟的智慧精華。

伽仙和熱爾曼懷著不斷增長的喜悅心情聆聽依撒格院長的講解，因為他們意識到已經找到了老師，也因為當這位老師向他們講述祈禱的四種形式時，他們能感到內心在燃燒。他們全心回應：這正是我們必須要做的！我們必須要在自己的生活中不斷默觀天主的臨在。在我們的生活中，我們也要獲得依撒格院長在他的生活中所獲享的恩典。帶著復蘇的熾熱靈魂，他們離開依撒格院長踏上回家的路。他們彼此分享金句，一再重複：我們明白，祈禱是唯一要做的事！我們知道我們想要祈禱。我們知道將耶穌從死者中復活的聖神也降臨於我們，賜予我們新生命。我們「知道」這一切（如果我們不知道，就不可能走到這一步）。但是，這位聖德的院長沒有告訴我們的是：我們要怎樣做？我們要怎樣做才能「不斷祈禱」？

所以，他們又回到依撒格院長那裡，尊敬但迫不及待地說：「您滿懷愛意，不置可否地告訴我們祈禱的形式，您的金玉良言使我們如沐春風！但是您沒有告訴我們要怎樣做。」

對於年輕氣盛的理想主義者，依撒格院長給予鼓勵同時也加以糾正。他彷佛已經事先預料到會發生這樣的情況，而這正好可以用來考察這些年輕人真實的意圖，所以他說：「我認為向你們介紹我所說的（祈禱的）殿堂，按照天主指引在殿堂內暢遊並不困難，……因為天主明白那些真誠分辨他旨意的人，也瞭解那些剛開始意識到自己很無知的人。」

伽仙明智地在《會談錄》第三章就為講述依撒格院長的開示做了鋪墊。他一開始就嚴正聲明要闡明的「教旨」是「如此地重要，如果忽視它就是可怕的褻瀆以及對教會嚴重的傷害。」他講了關於撒拉比昂院長的故事，以此來襯托依撒格院長的開示。

撒拉比昂（Sarapion）是一位年長隱修士，他曾一度陷於神人同形論異端——也就是，以自己的想像和肖像造天主。伽仙說這對整個基督信仰的祈禱很危險：這就意味著為同天主對話，將祂降低到我們的層次，為自已找一個方便趴著哭泣的肩頭，或者把天主當成一個簡單的偶像，幫助我們免於因為天主的異己性而陷入迷茫。相反，我們應理解的不僅是天主至高的卓越性還有天主通過聖神無限的臨在。撒拉比昂受福定[23]影響——在荒漠四十年度苦修生活，仍沒能脫離神人同形論的異端。又一次，不是通過理論，而是通過實踐，撒拉比昂開始用伽仙一直呼籲的祈禱方式——沒有圖像，只是重複短誦的祈禱，「神貧的祈禱」，伽仙告訴我們當其他沙漠隱修士聽說撒拉比昂已經開始轉變用公教的方式祈禱時，他們都來同他一起祈禱，充滿喜悅。但撒拉比昂自己卻流下眼淚，傷心痛苦，無依無助，大哭起來，「他們將我的天主拿走了，我無依無靠，也不知該敬拜誰，向誰傾訴。」

伽仙把這個故事放在書的開始正體現了他的明智。首先這個故事將理論部分變得通俗易懂，更重要的是，它強調人的認識無法超越至高者的卓越，這正是我們在理解祈禱時必須謹記的。它要求我們以虔誠的態度祈禱。更告訴我們在所有的祈禱中，主，天主，才是原動力——祂首先做的就是將祂的獨生子耶穌派遣到我們中間，所以如果我們真的想融入伽仙所說的「公教傳統」，首先就要明白天主教祈禱的本質就是自我棄絕，當我們棄絕自我，耶穌低吟的祈禱才能在我們心中浮現。

然後，伽仙談到依撒格院長對念短誦（*Mantra*）方法的教導。依撒格

23. 福定（Photinus，？－376）是羅馬帝國潘諾尼亞省西彌歐（Sirmium）的主教，他的神學主張被認為違反了三位一體教義，於三五一年被西彌歐會議所擯斥。

院長推薦的短誦是「*Deus in adjutorium memum intende*——天主，求祢快來拯救我，上主，求祢速來扶助我。」這也是聖本篤向我們強烈推薦在每段祈禱開始時必需要說的禱詞。對於短誦，伽仙說：「短誦必須始終在你心中。當你睡覺時一直誦唸這短誦，直到它在心中留下印記，甚至你在睡夢中短誦都還在重複。當你起床後，它應該『參與你所有理性的思維。』一整天，在『心底』不斷吟唱。」

祈禱旅程可以通過反省自身，也可以像貝克那樣繞個大圈後又再回到天主教祈禱傳統，也可以像伽仙和熱爾曼那樣到埃及沙漠中切身感受。但我們每個人都被召叫踏上同一段旅程，在我們內心發現耶穌本人祈禱的旅程。

今晚我給大家分享的就是通過自己有限的體驗有感而發。我不會說這是唯一的祈禱途徑。當然，在天父的國度裡百花齊放。但這是我找到的唯一方法，也是非常簡單的方法。你所要做的就是找到屬於你的那句短誦，最好有導師的幫助，然後就堅持重複。認真念短誦，晚上念，早上念，白天念，夜晚念，冬天念，夏天念，你想念的時候念，你不想念的時候也念，所需要的就是堅韌的意志，決心，要有釘子的精神。想想撒拉比昂吧！但如果你能念短誦，我想它一定可以幫助你瞭解修會生活，這樣的生活將讓你感受無比的豐盛。

如果可以，我想用聖經上的一小節聖言來結束我的分享：「因此，我在天父面前屈膝——上天下地的一切家族都是由祂而得名——求祂依照祂豐富的光榮，藉著祂的聖神，以大能堅固你們內在的人，並使基督因著你們的信德，住在你們心中，叫你們在愛德上根深蒂固，奠定基礎，為使你們能夠同眾聖徒領悟基督的愛是怎樣的廣、寬、高、深，並知道基督的愛是遠超人所能知的，為叫你們充滿天主的一切富裕。」（《厄弗所人書》3：14－19）

會談2

若望．邁恩神父視默禱為個人分辨信仰真偽的方法

親愛的弟兄們，上次我同你們談到我個人的默禱之旅，今天晚上我想同你們分享我個人的信仰經驗感受。

天主是我們的創造者，我們的天父。耶穌是我們的救贖者，我們的兄弟。天主聖神臨於我們——正如今日美妙的晚禱所聽到的——使我們所有人都成為「聖神的宮殿」。默禱只是一個過程，在這個過程中，我們得以接近某些真理：關於天主的真理，關於自我的真理，還有關於臨在的真理。因為在每天的默禱中，我們從那些「刻不容緩的事務中」釋放出來，完全敞開自己去面對天主的神奇與偉大——祂永恆的臨在。同時，在此過程中，我們也能發掘自我的價值，釋放自我潛能。或許可以說，當我們發現自我價值的同時我們就發現了天主，所有價值的創造者。同霍普金斯[24]一樣，我們發現世界臣服於天主的權威。

24. Gerard Manley Hopkins，1844－1889，天主教耶穌會士，最負盛名的英國維多利亞時代詩人。他探索性地在詩歌的韻律中使用跳韻，以及意象的應用使他成為當時傳統詩歌中的創新者。

我剛才提到一個重要的詞——「釋放」。默禱是一個釋放的過程：我們必須讓真理自由地照耀在我們生活中。對我而言，親愛的弟兄們，我們基督徒的生活經常建基於理論上。致使我們對天主的回應才會如此受限，受限於理性狹小的範圍內：它們看起來像一些信條公式的總合。但是在默禱中，我們與一種神威相會，這種神威是聖父、聖子和聖神的臨在——整個天主聖三與我們相會。

我們必須從內在釋放：把理論從它神學或者辭藻的形式中釋放出來，使它可以成長轉化我們的生活，而這一切的實現，用聖伯多祿的話來說，都是「藏於內心的」（《伯多祿／彼得前書》3：4）。因此，默禱也是一個學習過程，一個學習專注的過程。這裡的「Attenion」既有英文中「專注」的意思，也有法文中「等候」的意思。如果我們想要發現基督信仰的奧妙，經驗我們與耶穌親密無間的關係，這是必須學會的一課。

所以，在默禱中我們學習警覺耶穌臨在。開始時，我們學習警覺，保持精緻，享受創造的奇妙。然後，同聖詠作者們一起，我們全心歌唱讚頌：「我讚美祢，因我被造」（《聖詠／詩篇》139：14）。

親愛的弟兄們，我想要強調，真理在我們日常生活中常被忽略——日常生活總是忙碌。最基本的真理就是我們每個人都由天主所造；所以我們每個人都有一個神聖的根源。現在這個真理在我們的信仰中還只是一個不成熟的理論。我們大多數人小時候就熟背的這個真理並沒有被完全理解，也沒能從空洞抽象的理論中被釋放，更未被允許用以啟動我們的靈魂。我想當聖保祿寫下《致希伯來人書》中那些充滿激情的文字時，一定也有類似感受：「讓我們擱下論基督的初級教理，而努力向成全的課程邁進：不必再樹立基礎……如果天主准許，我們就這樣去做（《希伯來人書》6：1－3）」。

如果人類不從理論而是直接反省他們神聖的根源，他們一定會漸漸感覺到，自己身處一種奇妙的氛圍。我們奇妙的存在因為天主創造者無限的能力與奇妙得到無法想像的提升。這個真理本身就足夠讓我們終生朝拜。但是在我們的救贖者和兄弟耶穌的啟示中，我們發現自己不僅擁有這樣神聖的根源，我們還需要與人分享，一同享有天主的臨在。如此，相同又不同的每一個人，都擁有了無限的重要性和價值。我們不僅被天主從無中創造，也被天主子耶穌拯救，釋放。然後，作為對我們的根源、重要性以及價值的永恆保證，耶穌派遣聖神臨於我們使我們成為神聖的宮殿：天主就住在我們內。

聖保祿要求希伯來的教會「成熟」，並不是要他們形成嚴密推理的理論，成為所謂的「基督信仰學者」，而是要他們從理論不可避免的局限以及偏差中釋放出來，日臻成熟，他繼續說：「的確，那些曾一次被光照，嘗過天上的恩賜，成了有分於聖神，並嘗過天主甘美的言語，及未來世代德能的人……（《希伯來人書》6：4－6）」。

現在我們都還只是熟悉真理作為神學理論的一面。但在默禱中，我們尋求用這些真理生活——又或者，更準確說：我們尋求生活出這些真理。默禱不是反省神學知識的智力訓練。在默禱中，我們從不思考天主，也不思考聖子耶穌，也不思考聖神。在默禱中我們尋求更廣博的事：我們尋求同天主在一起，同耶穌在一起，同聖神在一起；而不僅僅思考他們。知道耶穌是天父的啟示，知道他是我們通向天父的道路是一回事；經驗與耶穌同在，經驗聖神在我們內的力量，因為這些經驗而警覺到天父的同在，又是另一回事。

當我們反省自己作為受造物的身份，作為人的身份時，我們開始懂得祈禱——就是關注生活中造物主和受造物的最根本聯繫。祈禱不是外在、可有可無的行為，也不是一種義務。祈禱要求從根本上感受自我的各個方面。換句話說，祈禱就是發現自我和自我存在原因的過程。重要的是，這是一個全意關注人類本性的過程，如此，通過意識到自身為受造物的本性，我們開始將注意力轉向我們的造物主。聖奧斯定非常精妙地說過：「人首先必須回歸自我，好似內心搭建的上馬石，最終走向天主。[25]」

所以祈禱，默禱，不僅僅是「做」事情的方法，還是「成為」某人的

25. 聖奧斯定《訂正錄》1 章，8：3。

方法——成為你自己：由天主創造，因耶穌得救而成為天主聖神的宮殿。

因此，我親愛的兄弟們，在默禱中我們要超越思維，甚至是那些神聖的思維。默禱關注的不是思維而是成為。在默禱中我們尋求成為被召叫所成為之人：不是通過思考天主，而是通過與祂同在。單純地存在於祂的臨在中就足夠了。單純地同祂在一起，我們就可以成為祂召叫我們成為的人。這就是耶穌的誡命所傳達的訊息，要先「尋求天主的國」，然後才是「一切自會加給你們」（《瑪竇／馬太福音》6：33）。但是對於長在當代西方文化中的多數人來說，這並不容易。西方文化大力提倡理性行為，對我們影響很大。我們把自己局限於「理性思維動物」一類。我個人認為，這是我們祈禱生活乾枯的主要原因之一。對天主全身心的回應變得支離破碎，只有理智和口禱仍然活躍在我們對祈禱的詮釋中。基督信仰的祈禱，目的在於接納天主的奧蹟無聲地臨在，不要讓祈禱變成好似紐曼樞機[26]所說的「名義上的贊成」，而要讓它引領我們的所作所為。所以，祈禱不在言語，即使美麗真誠的言語。所有言語在我們進入與天主神妙的結合時都失去力量，因為天主的言語超越其他一切言語。

在祈禱中，我們尋求簡單的方法。誦唸短誦就是我通過個人經驗尋得的方法。讓我們再來聽聽若望．伽仙的話：「這是一種思維訓練永遠可以遵循的模式，通過持續默禱以及不斷重複，可以幫助消除思想上的拋錨，

26. 1801－1890，原為聖公會牧師，因研究教父傳統，發起牛津運動，引導大批聖公會信眾重返天主教，一八七九年由教宗良十三世擢升為樞機。他的思想對梵二會議有巨大影響，因此有「梵二之父」美稱。代表作《論基督教教義的發展》和《大學的理念》等。二〇一〇年教宗本篤十六世冊封其為真福，二〇一九年十月十三日，教宗方濟各冊封其為聖人。

保持警覺集中在一個簡單的短句上。」

我想給你們建議的是，作為一個隱修士，也為所有人，有一種危險是我們通常只按習慣生活，並沒有去挖掘我們內心思想深處真正認同的生活真理。對於有信仰的人，真正的危險在於，當我們開始祈禱時容易變得沾沾自喜，自我滿足。就如同一個政客慣於談論自由、團結和平等一般。這種過度理性化的生活導致在多數情況下，我們只擁有半條生命。說得難聽些：我們不死不活。正如T．S．艾略特[27]的《大教堂謀殺案》所描述的那樣，教會本身就是半死不活的形象。

「同時，我們要繼續生命，
活著，一部分活著，
收集所有殘片……」

當我們成為隱修士時發誓神貧，就是為保證我們與天主的融合，這個誓願深入我們的生活，而非僅指對個人財物的捨棄。對物質的依賴很容易在人彼此間製造隔閡——這些隔閡就像是中世紀城堡的高牆，又或是像城郊外設立的安全警戒鐵絲網。我們躲在這些自我封閉的障礙後面似乎很安全。但是，這樣的安全感並非因為彼此接受認同，和諧生活，鄰里友好。

27. 1888－1965，英國美籍詩人、評論家、劇作家，其作品對二十世紀乃至今日的文學史影響極深。一九四八年，六十歲的艾略特榮獲諾貝爾文學獎。代表作《荒原》及《貓就是這樣》（簡體版譯名《老負鼠的貓經》）等。

這樣的安全感其實是基於不斷地拒絕，抵觸，當有人威脅我們的利益時就會表現出暴力性的行為。

如今哪一條才是前行的路呢？所有的基督徒都被召叫度神貧的生活：也就是說我們所有人都被召叫成為無私的，這樣我們就可以徹底地、深刻地感受「他者」——天主及近人——的存在。因此，對我而言，神貧就是要對因天主的光榮成就的奇妙事物有一個深刻的認知。同時，也要認識到我們的存在正是分享反映天主的存在。這是我們需要再次考慮的觀點並在我們的生活中實踐。在過去，當我們需要思考認識基督的神貧——即變得如若望．伽仙形容的「偉大的神貧」——的無限富饒時，我們總想到否定的捨棄。只有通過以肯定熱情的態度活出的神貧，我們才能認識到天主的富裕與光榮。認識、肯定並接受神貧，我們每一個人才能意識到自我的富裕與光榮，這源於天主而不僅僅源於我們所有，一言以蔽之，我之所是大於我之所有。因此，神貧的精神從最深層的意義來說，就是對自我無限價值的肯定。我們是天主愛的寶貝。

但你會問這與默禱有什麼關係呢？在默禱時，我們尋求實踐最根本的神貧——用若望．伽仙的話來說就是：「限制我們的頭腦思維只剩下一個詞。」——短誦。若望．伽仙明確地說，這樣我們才會發現天主無限的富饒。這樣我們的「安全感」就不是基於負面的力量而是基於一股全宇宙都遵循的正面積極的力量，那就是天主，通過耶穌的愛，我們可以感知的天主。那就是所有基督徒充滿自信和勇氣的原因，耶穌的言語與行為體現出這樣富饒的力量。

因此我們要特別注意使用如「自我棄絕」之類的話。當我們默禱時，我們全身心真切地經驗天主的良善，默觀祂無限的愛。但是，只有當我們真實地貼近本我的時候，祈禱才產生作用。祈禱本身就是體驗耶穌聖言道出的真理：「誰獲得自己的生命，必要喪失性命（《瑪竇／馬太福音》10：39）」。但是我們必須要先邁出一步，這一步是為獲得必要的自信，讓我們可以將自己的生命，在默禱中託付給那句短誦。這為團體生活相當重要——當我們與弟兄們生活在一起時，感到被尊重被愛，我們建立起的自信使我們得以進入祈禱中，真正實踐徹底地神貧，完全地自我棄絕。基督徒的自我棄絕應是在基督內的自我肯定。

默禱以及默禱的棄絕性並非自我否定。我們並不回避自我，更不仇恨自我。相反地，我們尋求真我，尋求感受自我以及無限被愛的能力。超越一切自私，一切以自我為中心的行為。真正的自我和諧在基督信仰傳統中得到驗證，熱那亞的聖加大利納[28]精闢地總結說：「我的自我就是天主，否則我就不知道因祂獲得救贖的那個自我。」但是為了回歸自我——當默禱時，我們就是在回應這點——或者，用更貼切也許是更準確的東方語言

28. St. Catherine of Genoa，1447－1510，一生為病人服務的神祕主義者。幾乎每日領受聖體，這在中世紀並非常事。《奇妙生活和神聖教義》係其死後後人編輯關於她生平及理念的書。她有獨特的煉獄觀及神視。

來說，認識自我——我們必須堅定不移地交付自我，從而切實地體驗自我貧窮。

禪宗認為我們交付的，是我們為之付出生命的假我及幻想，我們把這個幻想誤會成真我。這並非《不知之雲》一書中提到的「用具有想像性的聰慧去瞭解」。但這確實表明我們通過祈禱棄絕的其實就是假我。棄絕的痛苦取決於我們陷入虛假狀態的程度，取決於陷入自我幻想的程度。在祈禱中，我們脫去自我幻想的外衣：為了達到這樣的目的我們依靠信仰，集中注意力使整個身心遠離自我意識，而轉到真正的自我，那個自我由天主創造，通過耶穌獲救，是天主聖神居住的宮殿。

我們只有找到真實的自我才能接近自我。但是我們仍然需要學習體會耶穌給我們的這個兩難的挑戰：「誰獲得自己的生命，必要喪失性命。」默禱是透過信德的祈禱，因為我們願意追隨老師的誡命：我們希望喪失自己的生命，為徹底實現那個潛藏的真我。

當我們找到真實的自我時，我們的使命才剛剛開始。一旦我們發現真正的自我，我們要做的就是——同樣來自聖奧斯定的話——去發現那個特別的「上馬石」帶領我們找到天主。因為那時——也只有那時——我們才有自信邁出下一步，那就是停止關注新發現的自我，把探照燈轉向天主。嚴格來說，默禱是透過信德的祈禱，就是因為在天主沒有顯現時，我們就棄絕自我，也並不抱希望天主一定顯現。所有神貧的本質就是可能失敗的冒險。

這是信仰從自我到天主的過渡——這是完全基於愛的冒險。目前向你們揭示的，還只是實踐默禱的一點點體驗，而自我棄絕的過程應該是持續的、不間斷的、重要的體驗。這是我們的祈禱成長的關鍵時刻。因為當我們開始實踐全心投入、深度自我交付的祈禱時，總有種力量拖住我們，阻止我們徹底地實踐神貧，讓我們放棄默禱，放棄堅持念誦短誦，回到以自我而不是以天主為中心的祈禱中去。

誘惑就在於回到那種麻木的、不穩定的虔誠祈禱中——也就是那種被若望．伽仙稱作「有害的平安」（*pax perniciosa*）以及「致命的昏睡」（*sopor letalis*）。我們必須克服這種誘惑。耶穌召叫我們喪失自己的生命，不是借出，也不是用作換取什麼更好東西的籌碼。當我們喪失生命，也只有當我們喪失生命時，我們才能在天主內找到它。若望．伽仙所說的祈禱就是化繁為簡，這正是真正棄絕自我的體現。他所謂的祈禱就是要棄絕思想、想像，甚至是自我意識，棄絕語言以及反省的形式。

默禱與祈求式的祈禱絕不矛盾。但要明確為什麼祈禱，也就是《不知之雲》一書的作者談到的「善工時刻」，我們要放棄天主給我們的所有恩寵嗎？如果說我們放棄，僅僅因為假我使我們「分神」並不夠。否認自我的自我認識和自我交流是荒謬的。捨棄假我也並非因為它在社交或與天主的交流中無足輕重。從教會禮儀上說，對天主的回應顯然地建立在語言、動作和意象上。耶穌本人也告訴我們可以為自我所需和世界所需，因他的名向天父祈求。

其實在我們內心深處，我以為我們都明白，當耶穌說要喪失生命從而獲享生命的真實含義。在內心身處，我們所有人渴望簡單，超越一切行為，去接近存在本身。換句話說，我們都知道，我們必須去體驗最簡單的存在形式，那樣的存在沒有其他原因，只為光榮天主，是祂創造、愛護並支持生命的存在。在祈禱中，我們得以經驗存在於簡單中的完全喜悅。通過交付一切，交付賴以生存和感知生存的一切，我們以最簡單的面貌站在天主面前。若望．伽仙要求的簡單就是誦唸短誦，在默禱中，誦唸短誦是重新找回喪失的生命，重新擁有失去的一切的方法。

會談3

若望・邁恩神父 回答團體弟兄們的問題

若望・邁恩神父：親愛的弟兄們，今天是分享的最後一晚，我發現每到問答時間，很多人就沉默了。可能你們不會這樣。但我想到一個對你們可能有幫助的辦法，就是我先非常簡短地總結一下我講的內容——就像一個老師做的那樣——綜述，講課，總結。

所以，非常簡短地，從我的理解來說，基督徒的祈禱就是在耶穌內增加對天主的警覺。為了實現那種警覺的延長，我們需要進入不分神、注意力集中的狀態——也就是，保持警覺的狀態。從我個人有限的生活體驗來說，能說明進入那種狀態，保持靜默，不分神，注意力集中的唯一方法，就是念短誦。

現在，我還想指明一點，那就是就我所理解的聖本篤將修會生活分成祈禱（*oratio*）、閱讀聖經及聖書（*lectio*）以及勞動（labor）三方面——它們是緊密相連的，因為團體裡的愛和包容使得它們和諧融洽。在過去的幾天裡，我給你們談到就是關於祈禱，當然另外兩個部分也很重要，尤其是讀聖經，特別是新約，對於成長為一個真正的基督徒尤為重要。我要說的是，基督徒的祈禱不只限於一種。我們可以一起參加禮儀祈禱、或者口禱，這是教友普遍參與的一種方式。另外還有比較嚴格的靜默祈禱。這些祈禱方式都旨在說明我們參與耶穌的祈禱。從我個人對這些不同祈禱方式的關係的感受，我發現，經過多年默禱，就是我對你們談論的這種祈禱，誦唸日課於我已是一件愉快的事情，而非僅是一種義務。

正如我在分享中給你們建議的，這恐怕是因為，默禱逐漸將信仰的實在性愈加敞開給我們。當卡爾．榮格[29]在一次訪問中被問到是否相信天主時，他停頓了一會兒，然後非常溫柔簡潔地回答說：「不是信天主，是知道天主。」在與依撒格院長第二次會晤結束時，伽仙強調默禱將帶領我們走向直接的感知。他說的就是這個意思。他說，比如當我們讀聖詠時，我們不僅僅是在閱讀或者記憶，我們「通過去感受並投身其中，而非僅通過閱讀文本去理解聖詠。」他說，聖言的含義不在於對它的注解，那些不過是些所謂的「應用標準」，我們個人的體會才能發現天主聖言真正的精髓。

瓦爾特．希爾頓[30]就可以證明在默禱、口禱和禮儀祈禱之間並沒有什

29. 1875－1961，瑞士心理學家、精神科醫師，分析心理學的創始者。代表作《尋求靈魂的現代人》及《佛洛伊德與精神分析》等，他首先定義了心理學中的「內向性與外向性」。

麼相悖之處。這三種方式可說是向前發展的通道，但這並不意味著到某個時候我們可以超越禮儀祈禱或者口禱。他認為真正的結論是，只要人懷著愉悅的心情，無論何時，實踐任何一種祈禱方式都是合適的。當然所有這些祈禱方式都是互補的，前提是我們知道這些方式的真諦所在：它們都將引領我們進入耶穌永恆的祈禱中，那就是如他一般對父的愛。我們一生中各種各樣的祈禱如同溪流一樣，讓我們越來越靠近耶穌，最後融入他廣袤海洋般的祈禱中。

如果可以從這個層面來理解祈禱，我們已經懂得超越自我意識中關於祈禱形式和技巧的障礙。我們必須非常小心理解我所謂的不因為考慮技巧問題而偏離中心的祈禱方式。沒有任何一種祈禱比呼喊「耶穌」、「阿爸」這樣的祈禱更簡單。但是有時當人們初次聽說默禱時，他們並沒有理解它最根本的簡單性原則，卻只關注它神祕的、不同以往的祈禱技巧。當我們試著為歐洲或者美洲的教友介紹這種祈禱時，我們發現在初次聽說時，他們通常會感到非常困惑，我們發現最難傳達的訊息——其實也是唯一需要傳達的訊息——就是不需要困惑，因為所有這一切都是簡單的。

有一位可愛的愛爾蘭女士幾個月前來到我們的小組，我簡短地為他們做了必要的講解，然後我向他們推薦短誦「*Maranatha*」。我推薦它是因為它是阿拉美語，是耶穌親口說過的語言，也因為它也許是教會最原始的禱

30. 1875－1961，Walter Hilton，1340 ～ 45－1396，英國神祕主義者，天主教奧斯定會士，代表作《完備之尺度或階梯》及《致虔信者書簡》。

詞：《聖保祿宗徒致格林多人前書》的末尾就用到它，聖若望宗徒用它來結束《默示錄》，在《十二宗徒訓誨錄》[31]中也可以找到它。在《不知之雲》一書中，作者督促讀者選擇一個充滿意義的詞；一旦選定，就不再考慮它的意義和相關訊息，而只是去聆聽它的發音。從這個意義上來說，「*Maranatha*」是最理想的短誦。回過頭來說，這位善良的女士聽了講解就隨我們進去，一起默禱。當我們出來之後，她說：「哦，神父，當我開始默禱時，可怕的事情發生了，我居然忘記了短誦是什麼！」她接著說：「我坐在那兒想，如果沒有短誦，我如何默禱呢？但是，神父，天主是良善的，過了幾分鐘我居然想起來了：*Macooshla*，*Macooshla!*（愛爾蘭著名民歌）」

其實短誦就是一句非常非常簡單的話，它幫助你簡單地進入天主的臨在中。如果你們有什麼問題，現在可以提問了。

問題一：初次默禱時，您與您的靈修導師，也就是那位印度教高僧一同祈禱，這有何重要性？

若望．邁恩神父：這對我當然有很大幫助。他是一位穩重有聖德的人，只要和他在一起，你就可以感覺到他是個偉大的人。我認為這正是教

31. *Didache*，又名《伯多祿定案》，成書於西元一世紀末或二世紀初，該文獻是最早期的教會規章準則。作者不詳，共十六章，分為三部分。自西元一百四十年以來，受到許多作者的引用，並有古今許多文字的譯本。聖奧斯定及他以前的一些古作家引用過《十二宗徒訓誨錄》的拉丁古譯。

會現在需要的：很多真實的人，祈禱的導師，通過他們的生活和經歷，帶領其他人深切地在耶穌內經驗到天主。開始教我默禱的人並不是基督徒，但他相信天主——認識天主——而且，從前天我給大家讀的《奧義書》中的一段，可以看出他深切地經驗到，天主就住在他內。現在我才明白，為什麼直到向這位印度教高僧學習如何默禱十五年後，我在羅馬向西彼廉·瓦加基尼神父[32]學習何為聖神臨在時，我才明白默禱的意義，才開始朦朧地明白老師告訴過我的一些話，才開始懂得去發掘基督宗教默禱所蘊藏的富饒寶藏。

我認為在許多情況下，缺乏一位導師指引，你可能在前進的路上止步，或者總是徘徊在路邊，甚至走進死胡同，導師一職比想像中更重要。對於所有剛開始默禱的人，師從一位導師會很有幫助。導師會全心投入營造出一種肅穆的氛圍，傳達一種堅持下去的精神，這兩者對任何初學者來說都是至關重要的。

問題二：有沒有一種有利於默禱的姿勢？

若望·邁恩神父：我想如果可以，你最好讓身體坐直，這種姿勢適合任何一種文化習慣。無論你是喜歡跪著，坐在椅子或者地毯上，或者坐端

32. Dom Cypriano Vagaggini，1909－1999，本篤會嘉默道會隱修士，神學家、禮儀學者。他是梵蒂岡第二屆大公會議的重要人物之一，對《禮儀憲章》的成文起到重要作用。主要著作有《禮儀的神學意義》。

正些甚至用蓮花坐，這都是個人喜好，視個人情況而定。我在伊林隱修院時，有一些年輕人來參加我們為期六個月的默禱，他們通常既不坐椅子，也不打蓮花坐，他們就只是盤腿坐在地上。我恐怕不能像他們那樣，我就坐在椅子上，坐端正。我想姿勢的重要性在於，默禱要求你將身體完全放鬆但同時精神高度集中。

同樣，瓦爾特．希爾頓也明確地談到這點。他說，我們應該讓自己沉浸於一種完全的融合狀態，在這狀態中，我們超越身體的局限，找到完全的自由。大德蘭也說過類似的話，她建議我們選擇舒服的姿勢祈禱，這樣我們就不會因為我們的身體而分神。這裡提到的身體完全放鬆但精神高度集中的狀態，對我們西方人來說幾乎不曾經驗。當我們放鬆時就會睡覺、看球賽、嚼口香糖或者做類似的事情；當我們全神貫注時，就會為所關注的事物投入所有的精力。你們應該學會把這兩種狀態結合起來。所以你需要一個既能讓你感覺放鬆、但又能幫助你集中注意力的姿勢。

問題三：請您再談談我們對那個「短誦」的態度應該是怎樣的，或者說它的作用是什麼，我們應該如何看待它？

若望．邁恩神父：默禱的技巧就在於念短誦，它很簡單卻需要付出，真正是簡單但並不容易。

當我們剛開始在倫敦默禱的時候，我去見一位朋友，他是一位羅摩克里希納運動[33]的參與者。他說：「哦，有意思，現在你們天主教也教人默禱了。跟我講講你們打算教他們怎麼做。」我把我對你們講的這些大概給他講了一遍：靜止不動地就坐，念短誦。聽完後，他對我說：「若望神父，這不就是我們的老師辨喜所傳授的羅摩克里希納的默禱方法嗎？但是如果您同一群西方人講這個，他們是不會相信您的，因為這看上去太簡單了。」接著他以半開玩笑的口吻對我說：「我建議您把它變複雜一點。當人們來求道的時候，告訴他們您所講的是沿襲某個隱修傳統，取個響亮的名字，這樣人們就會有興趣了。您還必須對他們說，您將要講授的東西很重要，所以要求他們到您的默禱中心參與至少十週等等。這樣，您才能激發他們真正參與到您的計畫中來。事實上，在先驗冥想運動中，人們就是這樣做的。」因此當我後來讀到貝克和伽仙時，想到這位朋友的話，內心啞然失笑。

很顯然，我的朋友清楚地認識到，西方人在學習默禱時最大的問題所在：難以相信它本質上的簡單性。念短誦本身很簡單，根本沒有複雜的技巧。我告訴你們：我們大多數人開始時，是在頭腦中念短誦。我們念：*Ma-ra-na-tha*。根據這些年分享的經驗，我發現大多數人會照這方式誦唸

33. Ramakrishna，1836－1886，十九世紀極具影響力的印度教神祕主義者及瑜珈修行者。他的弟子辨喜（Vivedananda，1863－1902）繼承其衣缽，將瑜珈與吠檀多哲學傳播到西方，引起巨大轟動。

短誦一段時期。但是照伽仙所要求的，要讓短誦始終指引我們——當你晚上睡覺時，當你早上醒來時，當你坐下祈禱時，當你準備默禱時——短誦要扎下根來。這樣短誦就像它應該的那樣在我們心中迴響（sound），這樣你們就可以感到（feel）短誦就在你們整個存在的中心。在這階段，或說第二階段，你會聽到（hear）它。第三階段就是你傾聽（listen）短誦的時候，也只有在這個時候，當你開始傾聽的時候，你的祈禱才真正開始。我的老師以前總是告訴我說：「當你到達傾聽的階段時，就好像你正在艱難地爬山，而短誦在你下面的山谷迴響。你爬得越高，短誦的聲音聽起來越小。然後有那麼一天，你聽不到它。」

現在我告訴你們這些是為鼓勵你們，因為雖然對我來說，非常高興與你們在一起，但明天我還是要離開。我必須告誡你們要用最簡潔的方式去祈禱。不要總去想：「我現在到哪個階段了？我在念短誦呢？還是聽短誦？或者我離山頂還有多遠？兩個星期以後是不是就聽不到短誦了？」

你們要做的就是用最簡潔的方法，無比忠信地誦唸短誦。像艾略特所說的，不要期望什麼，「因為期望可能是對錯誤事物的期望」。我們這樣做的原因，在於聖保祿說過：「那使耶穌從死中復活的聖神臨於你們，將給你們的肉體賜與新生命（參《羅馬人書》8：11）」。

問題四：對於那些準備開始默禱的人，您有什麼建議？

若望·邁恩神父：來求道的人背景殊異。比如有神職人員、平信徒、單身人士、夫妻、無神論者等等不一而足。但是如果可以的話，我極力主張他們早上起床第一件事情就默禱，也就是說，在一天的雜事使他們分神以前。對默禱的多數人來說，這就意味著他們每天早晨要比其他人早起床半小時，那時是外界最安靜的時候。而對於每天第二次默禱，多數人只能盡力而為。我想要激勵他們的，也是我對於默禱進程的理解（這也是全球許多默禱小組所做的見證），是當他們能堅持默禱六個月之後，他們會發覺自己以一種不同的價值觀審視生活。他們都說發現生活品質在改變。與過去不同，過去他們總是浪費大量時間看電視，而現在他們開始意識到時間是十分珍貴的。所以他們花時間讀新約，讀我推薦給他們小組的書——總之做些更有意義的事情。

我想說，通常準備默禱最有效的方法就是安靜一陣，或是聽些輕柔音樂。在與依撒格院長的會談開始時，伽仙就簡短地說過：「我們若想在祈禱中達到何種狀態，在準備祈禱時，我們就應該在那種狀態中。」

問題五：怎樣將默禱和隱修院的要素結合在一起呢？

若望．邁恩神父：隱修院共同的要素就是神貧。對於這個問題的回答，正如昨晚我給你們的建議，隱修院所有的規定，聖本篤建立的所有制度就是為指引我們走向神貧，就是為幫助我們在內心深處能更好達成這種修行做準備。在許多方面，集體層面的神貧、服從和貞潔較易持守，所有這些都要求不斷付出。但從某種角度來看，它們都屬於外部領域。只有實現內心的修行，我們的生活才真的有了意義。如果你們能夠在你自己身上，在你的內心度神貧、服從和貞潔的生活，我相信你們既能服從隱修院修行的核心，也能忠誠於短誦外在的簡單性。

所以，我認為這是一種特別適合隱修士們的祈禱方式，因為它的根本就在於神貧以及簡單性：貧窮到和簡單到只有一個詞。有最根本的貞潔：要求你全身心地奉獻給天主。有最根本的服從：聽命（*obaudire*），聽天主的聲音。同樣的，我認為只有你們將以上方面融合，就是聖十字若望說的完全的自我「消失」，你們完全的個性，完整的意識狀態才能得到發展。完整的意識狀態，就是指意識到你是由天主創造，經耶穌獲得救恩，是天主聖神的宮殿。

問題六：您能談談怎樣解決默觀時分心走意的問題嗎？

若望．邁恩神父：念短誦就是解決分心走意最好的方法，因為它可以讓你的頭腦保持平和，安靜並且專注。短誦不僅僅是讓你停歇在美好的感悟中，更是將我們的所知和所悟一同昇華。為著這個目的，短誦就好像一把犁把你的頭腦都翻耕一遍，把一切雜念都推到旁邊——「把地耕平」。伽仙說過，短誦「剔除腦中所有多餘複雜的想法」。因為思想是「漂浮不定的」，想法和意向容易受到影響，就好比微風吹動羽毛那樣容易，所以伽仙才介紹短誦作為控制分心走意和保持專注的方法。

念短誦的根本與技巧在於：誦唸，迴響，傾聽，專注。所以短誦是最重要的。只要你們堅持念短誦，慢慢地，分心走意的情況就會越來越少。我的老師以前常說，當你開始默禱時，有三個目標：首先是在整個默禱時間內就只念短誦。這是第一個目標，可能需要一年時間，也可能需要十年時間才能達到。第二個目標是，念短誦並能完全平靜地面對分心走意的情況。第三個目標是，在整個默禱時間內，念短誦而且不分心走意。

問題七：那麼祈求和代禱又如何呢？它們該如何與默禱相融合呢？

若望．邁恩神父：是的，這是經常被提到的問題，非常重要。我認為許多人將祈禱看成是一種斯多葛主義[34]的訓練，在這種訓練中，為了能排除其他關係和觀點，只關注聖德和認知的增長。需要明確的是，默禱並非祈禱的唯一方式。正如我說過的，口禱及禮儀同樣重要。

只是當我們做默禱時，將自己完全向天主敞開，迎接天主臨在，在單純的信賴中，天主臨在得以完全。我們的心向愛完全敞開，我們的心也必然向考驗完全敞開。在我們開口之前，祂就知道我們的憂慮，我們的愛，我們的害怕。所以在這種「信德祈禱」中，不需要說，只需要誠心地在靜默中，將一切向天主奉獻。參與默禱的人不是盲目追求智慧和解答的人，卻是基督的追隨者，基督就是一切愛的泉源，來到基督身邊被他的愛充滿，存於這份愛內。默禱本身就是我所是。

問題八：我們應當如何念短誦呢？以何種速度，何種頻率？

若望．邁恩神父：默禱首先就是一種簡單的祈禱。所以，我們每個人必須學習自然而然，當我們默禱時，要讓一切順其自然。所以每個人念短

34. Stoicism，發源於古希臘的思想流派，由哲學家芝諾於西元前三世紀早期創立，一直流行到西元二世紀的羅馬時期，前後綿延五百年之久。認為哲學由邏輯學、物理學和倫理學三部分構成，尤以倫理學為重。

誦的速度是不一樣的，大多數人隨著呼吸念。重要的是，在越來越沉靜的存在中清晰地念，要排除雜念、集中注意力在短誦上。記住：開始時誦唸短誦，隨後讓短誦在心中迴響，最後全神貫注傾聽短誦。

至於頻率，你們最好在整個默禱時間內都按照自己的節奏誦唸。你可能會希望停頓一下，想要停在自己幻想的另一個世界中。完全忠實地念短誦，就是解決這些企圖的好方法。這樣才能讓短誦扎根在你心底。

我親愛的弟兄們，非常高興同你們在一起。十分感謝你們的熱情款待，我會永遠珍藏這段美好回憶。

第三部

內心的朝聖：默禱之旅

The Inner Pilgrimage: The Journey of Meditation

文之光神父（Dom Laurence Freeman OSB）著
胡彥波 譯

重要的是，我們要明白：
這趟旅程無關學習技巧，而是學習愛。
這是一場愛的朝聖，
因為在內在核心深處，我們會發現純愛，
即天主的愛。

1 默禱操練

在基督信仰傳統中，默禱（Meditation）也被稱為心禱或靜觀祈禱（contemplative prayer）。默禱有三項基本要素：靜默（silence）、靜定（stillness）和純樸（simplicity）。下面我們依次來談這幾項要素。

首先要做到靜默。你得在清靜的時間找個安靜的地方。默禱的理想時間是每日清晨和傍晚。無論如何，默禱時要儘量保持時、地靜好。關閉手機，盡你所能保持這段時間不受干擾。

其次要做到靜定。默禱時要讓身體儘量保持靜止，所以你需要坐得舒服些。讓自己靜坐很重要，這是通向無我的第一步。我們要放下令人煩躁不安的欲望，學會超越自我。因此學會靜坐非常重要。

第三要做到純樸。我們以一種複雜狀態進入默禱，腦海裡充滿各種想法：回憶往昔、反思過去、計畫未來，有各種複雜的思緒和情感。所以，我們必須學會放下一切思緒、圖像、想法、計畫，進入純樸。

即使你找到清靜的時間和安靜的地方，內在還是會有諸多嘈雜，充滿各種回憶、計畫、幻想、白日夢和焦慮。為了放下所有嘈雜，我們遵循一種傳承自初期基督徒的傳統：選一個詞語，一個祈禱詞，一個短誦（*Mantra*），一個神聖的詞語——在整個默禱過程中，一直重複這個詞。例如你可以選擇主的名字「耶穌」，這是非常古老的禱詞；你也可以用阿爸（*Abba*），同樣非常神聖。在這裡，我想推薦的短誦是*maranatha*。

*Maranatha*是非常優美的禱詞，它出自阿拉美語，是耶穌所使用的語種。它也是最古老的基督徒禱詞，意思是「主，請來」。要留心，默禱不是要你去思考這個詞的意思，因為默禱的目的是超越思想，哪怕是正面的思想。我們要放下一切好、壞的想法，只需默默在內心重複這個詞，從開始到結束。如果你選擇*maranatha*這個詞，請分成四個音節來誦唸：*ma-ra-na-tha*；雖是默念，但要清晰於內在。誦唸時，要全神貫注地聆聽。

默禱剛開始時，你幾乎肯定會被各種想法干擾，但不要灰心，準備好接受這狀態。如果發現自己停止默念，請警覺收回心神。這就是練習中的純樸。如果發現自己停下來，即刻返回默念就好。

我想總結一下基督信仰傳統關於默禱的古老教導。首先，坐下來，盡可能保持身體靜定，背部挺直，如此可以幫助我們警覺和專注。耶穌說過，要醒寤祈禱（《瑪竇／馬太福音》26：41）。所以我們的坐姿既要幫助我們保持醒寤，又要使自己放鬆。然後輕輕閉上雙眼，放鬆臉部和肩部肌肉。接著默默在內心誦唸你的短誦。

默禱前，最好起身伸個懶腰，讓身體做好準備。首先，放鬆身體，輕輕活動肩膀，轉動脖子，以減緩肌肉緊張。然後檢查腳的方向，保持朝向正前方，感受自己的雙足扎根在地面上。再放鬆肩膀，想像從頭頂到腳之間有一根直線，順著這根線挺直身體。記住一定要保持肩膀放鬆。最後略微向內收下頜，放鬆前額、下巴，注意自己的呼吸。

把注意力轉移到呼吸上是出離頭腦的好方法。當你吸氣，就是吸收生命的恩賜。因為是恩賜，我們要給它自由——所以我們還要呼氣。這其實正是默禱的精髓：接受你自身存在（your being）的恩賜，然後放手。若望．邁恩說過，默禱之於心靈，如同呼吸之於身體一般自然。因此，開始前讓自己真正放鬆，繼而保持警覺。

接下來可以坐好，無論是坐在椅子、蒲墊或祈禱凳上，都要保持背部挺直。雙手放在腿部或膝蓋上，放鬆肩膀，挺直背部。然後放鬆臉部肌肉：前額、下巴。現在，開始默念你的短誦，一心一意。

我建議剛開始操練默禱時，日常可以由每次二十分鐘開始，漸漸可以加到二十五分鐘，理想的時長是每次三十分鐘。無論時長如何，盡可能在每天同一時段默禱。在此，我有一個實用建議：默禱的最佳時間是用餐前。如果可以，最好是在早餐前和晚餐前默禱。

如果不能將默禱融入日常生活，便無法領會其精髓。要在每日清晨和晚間抽出時間，肯定需要做出一定犧牲，這要求一種自覺和自制，但很有必要，因為天主在祂所創造的宇宙中和你我心中的臨在如此重要，忽視祂的臨在是危險的。如果忽視祂的臨在，我們便永無理解宇宙和自己的可能。所以對待默禱之旅，需要嚴肅性和紀律性。這要求似乎很高，但又是能做到的，因為它很簡單。這份嚴肅性和紀律性會引領你進入沒有任何言語能描述、也沒有任何人和事能奪走的平安和喜悅之中。

2 祈禱之輪

默禱是很普遍的靈修傳統，所有偉大的宗教傳統中都有它的影子，基督宗教也不例外。

在《若望福音》開頭，兩個門徒在洗者若翰的指引下跟隨了耶穌——這也是我們在這部福音中第一次與耶穌相遇。在書中，耶穌轉過身來，看見他們跟著，便問了他們一個非常簡單又很直接的問題：「你們找什麼？」（《若望／約翰福音》1：38）

這個問題同樣可能敲開我們自己的靈修之門。當我們自問：「生命是什麼？我們的生命中是否缺少了什麼？生命中真正重要的是什麼？我在生命中真正渴望的是什麼？我在生命中真正尋求的是什麼？」

在所有偉大的宗教中，探究生命的深度和終極智慧的方式，無一例外都是祈禱——是實操，而非僅是理論。教會初期的屬靈導師們認為，祈禱定義我們的生活之道。他們常說：「你如何祈禱，你就如何生活。」

當然，祈禱的形式多種多樣，我們在各樣時刻以各樣方式祈禱。根據不同心情、個性、時間來祈禱，根據獨處或是在團體中來祈禱。所以，最重要的是：祈禱具有包容性，祈禱的形式並不互斥。祈禱的形式很多，只要出自真心，就都是有效的。有時我們的祈禱是機械的，甚至是心不在焉的，但就祈禱本身來說，只要出自真心（即真心尋求天主），就是有效的。

基督宗教傳統中的祈禱形式極為豐盛。例如，我們在聖體聖事和各種禮儀中都會祈禱；無論是獨處或是在團體中，我們的求恩和代禱都是祈禱；我們可以用神恩方式祈禱，可以用特別敬禮祈禱，可以用玫瑰經祈禱，也可以向聖人祈禱。許多人還有屬於個人的祈禱方式，並不一定帶有明確的宗教色彩。對有些人來說，跑步、健身這樣的運動就是一種靈修，鄉間漫步或親近藝術也是靈修。這些都是祈禱的不同形式。所以說，祈禱的形式具有包容性。

我們可以把祈禱想像成一個車輪。首先，車輪象徵著運動，而祈禱正是我們生命的運動，是我們駛向天主的道路。其次，車輪要發揮作用，必須接觸地面，否則就是空轉，哪兒都去不了。這象徵著祈禱不是可以推遲到下週、明年的事，而要時刻融入生活。應當在日常中安排明確的祈禱時間，要讓祈禱真正融入生活。

正如我所說，祈禱的形式豐富多彩，車輪的輪輻就可以代表這些形式：聖體聖事、禮儀、敬禮、讀經、求恩、代禱等等。不同的基督宗派傳統對不同形式的祈禱各有側重，它們都是合規有效的。但是，祈禱究竟會引我們走向何處呢？

借此圖像，我們理解基督宗教的祈禱，所有形式的祈禱——這些輪輻彙聚到車輪的中心。我們在中心發現了什麼？

從基督信仰語境來說，我們在中心發現基督的祈禱、基督的思想。基督宗教對祈禱的基本理念是，所有形式的祈禱都是為了進入耶穌的祈禱。而耶穌的祈禱是他對天父的默想和他對世界的愛。耶穌的人性已經完成通向天父的旅程。但是耶穌也藉著聖神回到我們身邊，存於每個人的心中。所以，耶穌也在我們內祈禱。

這是基督宗教對於祈禱的基本理解。聖奧斯定說過，耶穌是教我們祈禱的老師，因為他就在我們裡面，和我們在一起，並為我們祈禱。因此，我們個人的祈禱要降服於耶穌的祈禱之下，他的祈禱涵蓋、統一並完滿了所有形式的祈禱。

聖保祿宗徒說：「我生活已不是我生活，而是基督在我內生活。」（《迦拉達人／加拉太人書》2：20）這是對基督徒與基督之間關係的絕妙表達。由此，我們超越並脫離了自我的小世界，而進入聖神，進入心靈，進入基督的人性。在那裡，我們的真我將被發現、完整並拓展。我們可以套用聖保祿的話說：我不再祈禱，而是基督在我內祈禱。這意味著每個個體的祈禱如江河一般匯入基督祈禱的海洋。

如何找到通往車輪中心的道路？——通過基督宗教傳統，也就是若望・邁恩如今要幫助大家恢復的傳統，即早期基督宗教中最早那批先哲的傳統。那是一種非常簡單的心禱，即誦唸短誦。

我們選擇傳統中視為神聖的單一詞語或是短句，然後在心思意念中不斷重複。默誦時，我們聆聽它，並且時刻留心它。讓這個詞語穿透我們的思維、關切、焦慮、分心以及一切干擾，引領我們沿著靜默和純樸的道路，輕柔地來到我們存在中心的靜定。但是不要把這種靜定理解為被動的或是睡著了。耶穌說：「你們醒悟祈禱吧！」（《馬爾谷／馬可福音》14：38）這種靜定是純粹的覺醒，純粹的意識。

車輪的中心即靜定。如果在車輪中心體驗到靜定，我們會發現生命奇妙的轉變。在車輪邊緣，我們會發現生活中的所有行動——活動、工作、關係，所有「外部」的事物，如果缺乏中心的靜定，就沒有有效的行動。我們日常繁忙行動的品質，取決於如何在心中找到靜定。中心是默觀，操練默觀得以讓生命中的行動、活動和工作更為純粹，從而幫助我們結出屬神的果實。

當耶穌談及祈禱和靈修，他並沒有說必須要去教堂或會堂，也沒有說必須遵循教規和儀式、服從哪個祭司或是習俗。耶穌時代的人固然是虔誠的和循規蹈矩的，但他並沒有強調這些。

從耶穌的教導中可以清晰看出，耶穌是默觀的導師。在《瑪竇福音》

第六章中，耶穌說，祈禱時不要被外在的內容和形式干擾，而要進入你的內室（《瑪竇／馬太福音》6：6），也就是心靈。在心靈中，你會發現天主的臨在。因此，耶穌教導的第一要義，也是默禱第一要義，就是內在性。

耶穌接著說，祈禱時不要嘮嘮叨叨，以為只要多言就可獲得垂允（《瑪竇／馬太福音》6：7）。我們要加倍小心，不要成為靈修中的唯物主義者、迷信者或者魔法化祈禱的人。例如有人關注祈禱的數量，有人認為我們可以通過祈禱來操控天主的作為。這都會讓祈禱變成一種「魔法」。

耶穌還說，祈禱時應當有信德。因為你們的父在你們求祂以前已知道你們需要什麼（《瑪竇／馬太福音》6：8）。祈禱時不應像帶著購物清單那樣羅列意願，因為祈禱並非著急著求天主滿足。

耶穌繼續說，祈禱時應當內心平靜。不要為物質需求憂慮，不要憂慮穿什麼、喝什麼（《瑪竇／馬太福音》6：25）。這些是日常生活關注的焦點，但是我們往往把它們變成一種執念。因此，他告訴我們要保持內心平靜和安寧。

耶穌又說，祈禱時必須注意：「你們該以天主的國先於一切。」（《瑪竇／馬太福音》6：33）

最後，耶穌說祈禱就是活在當下。不要為明天憂慮，要活在今天，活在當下（《瑪竇／馬太福音》6：34）。

以上是默禱或心禱的基本要素，也是所有祈禱的核心：內在性、靜默、信德、平靜和專注。所有真正的祈禱，都助力我們發掘車輪的中心——我們自己的心。

無論形式如何，基督徒的祈禱都以基督為中心，所有的祈禱都指向基督的祈禱。越是深入基督的祈禱，越是進入我們心靈的靜默和靜定，就越會發現其它形式的祈禱都變得越加豐滿。閱讀聖經、團體祈禱、彌撒聖祭，這些不同形式的祈禱都有了變化和深化，它們的靈修意義也通過默禱得到強化。

3 旅程的象徵

若望．邁恩認為，默禱是一種修行，它和技藝有著重要區別。如果我們把默禱當作技藝練習，那麼自我就仍在其中作祟。這意味著我們想通過默禱得到些什麼，想利用它來控制些什麼。如果我們把默禱當作修行，那麼我們就能真正向它的奧祕敞開心扉，把默禱當作一趟通向內心的旅程，一趟通向天主的旅程。那麼，該如何衡量我們的旅程呢？

假如我從倫敦去新加坡，我是從一個特定地方到達另一個地方。我多少能估計自己在旅程中的位置，比如過了四分之一，然後過了一半，最後抵達目的地。

但我們並不能這樣來衡量屬靈旅程。耶穌說精神（靈、聖神）像風，我們能感受到風，但我們不知風從何處來往何處去（參《若望／約翰福音》3：8），我們無法估計風何時起何時止。學習語言或某些技巧時，我們或能衡量自己進步如何，但要衡量默禱的進步，體驗則非常不同。

對屬靈旅程而言，最常見的象徵是螺旋進程而非線性進程。螺旋形狀有時看起來是原地踏步，你好像一直都停在原地，但實際上，你一直在朝更深處前進。默禱之旅看似反反復複，卻也是不斷深化的信仰之旅。

明陣（labyrinth）也是很好的默禱旅程的象徵。建成於十三世紀，法國著名的沙特爾主教座堂的地板上，就有一個古老明陣（見下頁圖）。這個明陣在中世紀時象徵著通往耶路撒冷的朝聖之路，朝聖者們通常跪著走完明陣。它也象徵著通往我們內心的旅程，在這旅程中，我們每日以默禱開始新一天。

四世紀時的沙漠教父教母們記述了最早的基督徒默禱傳統。他們提到默禱之旅的各個階段，類似於螺旋進程的體驗。他們告訴我們，當你準備好開啟通向內心之旅，準備好通向車輪中心，往往是帶著極大熱忱，你總會覺得自己能很快達到目標。這和我們剛開始走明陣時心境相似。我們能看到中心，目標就在那兒，那就是我們想要到達的地方。開始時我們會想：「太好了，終點也不是很遠，很快就能到達。」

這就是最初的熱情，是新默禱者開始最能感受到的熱火。有時候，在默禱時會有一些很有啟發性的經驗，你可能會感受到強烈的光明、喜悅和平安。於是你會認為這就是終點，自己快要抵達目標。但在所有嚴肅的旅程或關係中，一旦我們深入體驗，信心一定會受到試探。我們應把默禱理解為一種關係，一種與自己、與天主、與他人的關係。

當你進入明陣，一開始似乎是直直地通向中心，但接著你會發現自己似乎又遠離，然後你回過頭來漸漸又接近中心，即將到達之時又會發現自己開始遠離。

早期的沙漠教父教母們既是偉大的心理學家，又是偉大的屬靈導師。他們明白在默禱旅程中將會經歷多個反復，這些反復和明陣的迴圈相類似。起初，我們熱情高漲。然後，熱情會慢慢減退，你可能發現自己和大多數人一樣，在開始默禱的幾周或幾個月內便放棄。我們放棄又開始，開始又放棄。這意味著，默禱開始時或許直奔目標而去，但之後你會發現自己喪失了什麼，甚至是喪失了自己。

怠惰（*ACEDIA*）[35]

沙漠教父教母們把這種喪失感稱為「怠惰」，該詞被用來描述灰心的感覺，你會感覺自己沒有進展，好像在浪費時間。所有默禱者都會在旅程中的某個階段體驗到這種感覺。你會覺得默禱很枯燥，什麼事情都沒有發生，既沒有興奮感，也沒有強烈的喜悅和平安。或許你也會經歷諸多干擾，你可能會對自己說：「我不擅長默禱，大概我應該做點別的。也許我想要的是別的東西。」

---

35. 該詞很難翻譯，Acedia 的字首A，有缺乏的意思，字根cedia源於希臘文kēdos，可解作關注、關心或者哀痛，該詞特指一種涉及信仰危機的無力感。在天主教傳統的「七罪宗」裡，將該詞轉譯為sloth或懶惰（參英文及中文版天主教教理#1866），是一種不準確的簡化。本文校訂者認為，當代年輕人口中的「喪」、「廢」很好地表達了該詞意思。

你可能會感到心慌不安，突然擔心自己走錯了路，擔心自己永遠走不出這個明陣，擔心自己犯了什麼致命錯誤。走過明陣的人都可能有過這樣的感受。

所以你需要瞭解的不僅是修行和技藝的區別，更是「明陣」和「迷宮」（maze）的區別。迷宮是一道真正的謎題，它讓你深陷其中，為了找到通向出口的路，你只能回到最開始的地方重新探索——因為沒有出路在其中。

旅程沒有所謂終極意義，但明陣是它的象徵：有一個目標，有一個目的地，我們要做的就是沿著道路堅持走下去。

記住耶穌關於道路的話語。他說，導入生命的路途是多麼狹窄！（《瑪竇／馬太福音》7：13－14）每天早間和晚間進行默禱，誦唸短誦，不管過程中感受如何，是否願意——這就是謙卑、狹窄的道路。

沙漠教父教母們充滿智慧，他們認為一旦遭受這種無力感，最重要的是一定要堅持下去。所以我們需要友誼和團體的支援。當你灰心喪氣，友誼和團體必不可少且頗有幫助。

基於這些理由，我們對默禱需要具備信仰上的理解，以便能在迷失自己、遠離目標、喪失信心之時很好地提示和幫助我們，繼續在明陣中沿著道路堅持走下去。

此時，理解默禱的至簡原則很重要：你只需要靜默著坐下來，閉上眼睛在心中反復誦唸短誦。誦唸短誦就是沿著道路走向出口，一步又一步，就這麼簡單。

終於，你走到明陣的另一個半圓，你會意識到明陣兩邊的對稱性。這種對稱性也代表生活中的經驗模式，這是當你從更深刻的角度看待生活時會經驗到的感受。生活中曾經看起來不平衡和沒有聯繫的事情，會漸漸浮現其意義和模式。很多時候你可能發現自己一遍遍重複同樣的事，然後你不知不覺抵達終點，你會發現自己徑直走向中心——你回家了。

不動心（*APATHEIA*）[36]

沙漠教父們擅長鼓舞人心。他們告訴我們，只要堅持下去，克服無力感，就會達到「不動心」的境界。「不動心」聽起來雖然像是「無情」，但意義恰恰相反。「不動心」是內在生命的療愈，是整個人浸潤在聖神中。在「不動心」中，我們會體驗到和諧、靜止和油然而生的喜悅。這之後，你將孕育出聖愛（*agape*）。

36. ἀπάθεια一詞直譯為「無激情」，希臘斯多葛派哲學認為，人們可透過*APATHEIA*免於苦難，獲得內心的平靜，與佛家主張的無欲不動心類似。中文可見的翻譯有「無情欲」、「擺脫欲念的自由」、「無欲心境」、「無動於衷」、「泰然自若」、「無感情」、「解脫」等。英語的派生詞apathy冷漠不關心比較負面。

聖愛（*AGAPE*）

*Agape*是希臘語「愛」的意思。耶穌對天國有一個重要比喻。他說，天國好比是一個人把種子撒在地裡然後離開，他生活如常，種子卻一直在生長；他不知道種子如何生長，直到種子破土發芽（《馬爾谷／馬可福音》4：26－27）。當我們默禱時，就在心中種下聖言的種子，雖然我們不知道它如何生長，但它確實在生長。

所以我們必須理解，這趟旅程無關學習技巧，而是學習愛。聖女錫耶納的加大利納（St Catherine of Siena）說，通向天國的道路就是天國本身，正如耶穌本身就是道路。我們也可以把這趟旅程看作是在愛中前行，因為我們在旅程中心會發現純愛，即天主的愛。

4 意識的階段

如同我此前所言，有些旅程就像在顯示器上查看飛行線路那般可量可控，但精神之旅不行，因為我們無法衡量精神。耶穌說，精神就像風。我們不知風從何來又往何處去。你能感覺到它，體驗到它，但無法衡量它。不過，和所有旅程一樣，它總有起點。

當我們開始體驗新事物，不管是新年、新工作、新書還是新專案，開始那刻總很特別。任何一次開始都有特別恩典，讓整趟旅程都以某種方式蘊含在開始之中，具有一股潛力，就像是一顆種子蘊含著生長需要的一切。開始的起點是濃縮而微小的存在，所以任何一件事的開始都很重要，它是充滿希望和熱情的時刻。我們總會覺得自己可以擁有全新的開始，把過去拋在腦後，帶著新的活力和熱情重新出發——默禱也是如此。

漫長的精神之旅將我們引向默禱，這趟旅程始於受孕、出生，始於生命中的每一個階段。但我們總能對第一次默禱的時刻記憶猶新。我記得自己第一次嘗試默禱，後來在相當長一段時間裡斷斷續續，開始又停下，停下又開始。當時我還在讀大學，要在日常生活中養成默禱習慣很難。而且我又是紀律性觀念薄弱的人，學得還很慢，為完成旅程，我成為了隱修士。當然並非是說為了默禱，你也必須成為隱修士。人和人相似的地方在於，對於開始的記憶總是很深刻，這份記憶對於探索任何旅程的目標都很有說明性，儘管你可能無法衡量你已經走了多遠。

如何在精神意義上理解默禱之旅？如果我們能意識到旅程將帶我們經歷的一些階段，這些階段會幫助我們變得深刻，更好地成長，那麼我們或許能減輕半途而廢的誘惑。

我們在某時某地準備默禱，有人教我們怎樣做，我們也直觀地予以回應。我們內心深處的某些東西會對默禱的靜默、靜定、純樸作出回應。我們被簡單告知要默念短誦，或許正是這份簡單吸引了我們，因為我們總是耽於複雜的困擾。我們的生活可能充滿壓力，到處是問題，而默禱的純樸為我們帶來美好的放鬆和新鮮感。常有人說，默禱讓他們有一種回家的感受，非常放鬆，讓人得以放下語言、思想和形象，對上主保持更深沉的開放。哪怕只是聽說默禱，也會帶給你不一樣的感受。

就像所有事情的肇始那般，也許我們會帶著某種熱情、感恩和希望開始默禱。接著幾乎立刻發現它沒有想像中容易。其實默禱形式很簡單，但是並不容易。因為我們會持續面臨分心；我們盡可能保持默念短誦，但很可能只保持兩秒鐘就開始遐想要打哪些電話、要發哪些郵件；我們開始回想昨晚的電視節目，或者開始做白日夢。每個人都會為此感到震驚和灰心，因為我們以為默禱——只需帶著信心和愛默念短誦——如此簡單之事應非常容易才對。可是我們發現，它並不容易。

第一階段：分心（干擾）

許多人在這一階段便放棄。他們對默禱的困難感到灰心和震驚，猜測自己大概不適合默禱，於是很快放棄。我們要記住，無論是誰，都會面臨分心這一問題。

四世紀時的若望．伽仙（John Cassian）在其《會談錄》第十章中就著重提到分心問題。他認為分心是每個人都要面對的普遍難題。他的教導也啟發了若望．邁恩重重啟自己的默禱之旅。

發現自己容易分心，這感覺很糟，但每個人都要面對這點，所以我們才需要團體的鼓勵和支援，以及他人的榜樣來幫助我們度過這一階段。不少人在真正進入默禱前，可能會經歷多次放棄。

只要我們堅持繼續，讓如此輕柔、安靜的短誦落入心中，進入更深的意識層級。這種深入無法看見，也無法衡量進展。這可不像我們今天前進三英寸明天又前進三釐米這麼簡單。它只是一種類比。就像耶穌談論天國時的比喻，天國好比是一個人把種子撒在地裡然後離開，他晚上睡覺，白天起來工作，種子卻一直在生長；可是種子怎麼生長，他也不知道（《馬爾谷／馬可福音》4：26－27）。這恰是一趟未知之旅。

第二階段：治癒記憶

當短誦更深地扎根於心，它便把我們帶入新的意識層級。在這個階段，我們會發現一種不同與往的分心。

它就好像是一塊儲存我們記憶的硬碟。我們的經歷，我們的所思、所言、所行，所有一切都作為我們獨特的人格在此儲存。構成上主創造我們每一個獨特個體的性格，都在這一階段。一切都在此整合，因為生命的目的就是合一，所以發生在我們身上的一切都會與其它一切彼此相呼應。最終，我們會以某種方式成為統一、整合的人。

但是，我們經歷的某些事情並不容易整合，比如恐怖的驚嚇、痛苦的失去、身心受苦或是情緒困擾。也許我們甚至不知道自己究竟經歷了什麼，但依然會感受到痛苦，無論是成人還是孩子。一個孩子或許不明白為何自己得不到愛，但他知道自己很痛苦，這些經歷塑造了我們一生的性格。所有這一切都儲存在記憶的硬碟中，其中有些深層次的經歷甚至需要我們用一輩子來整合。

所以，這一階段我們遇見的是無意識生命（an unconscious life），它一直很忙碌，忙著整合許許多多經歷，忙著治癒自我。這些經歷或許是你曾經受到的傷害：也許你曾遭受背叛，被深深地傷害，以至於無法原諒；也許你繼續生活，幾週或幾個月或幾年後，你便不再記掛它。可一旦你回憶起這段經歷，或者看見那個傷害你的人，哪怕僅僅看見那個人的名字，記憶一觸即發，痛苦的感覺又報復般地灌注全身。你可能會說：「我不想面對這個問題；讓我繼續好好做事。」但是，祈禱的醫治工作正是在這一階段展開。所以，這一階段我們會經歷一些情緒上的干擾，可能還要面對出人意料的憤怒。

當你坐下來默禱，你會感到平靜和安寧，接著突然你就感到煩躁不安。你會問自己：「為什麼我會這麼憤怒？」亦或是你感到一種彌漫的悲傷，卻不知悲傷從何而來。這並非抑鬱，但它確實是悲傷或是曾經的痛苦，儘管你不太確定它出自何方。現在，再來回憶一下耶穌關於天國的教導，關於種子生長的比喻。只需讓那份情感留在那兒就好，不必隔幾分鐘就去看幾眼。我們要相信，這趟旅程是信德之旅。我們要相信，醫治就是在此時進行。所以，我們要為這個階段可能面對的情感痛苦、困擾或只是

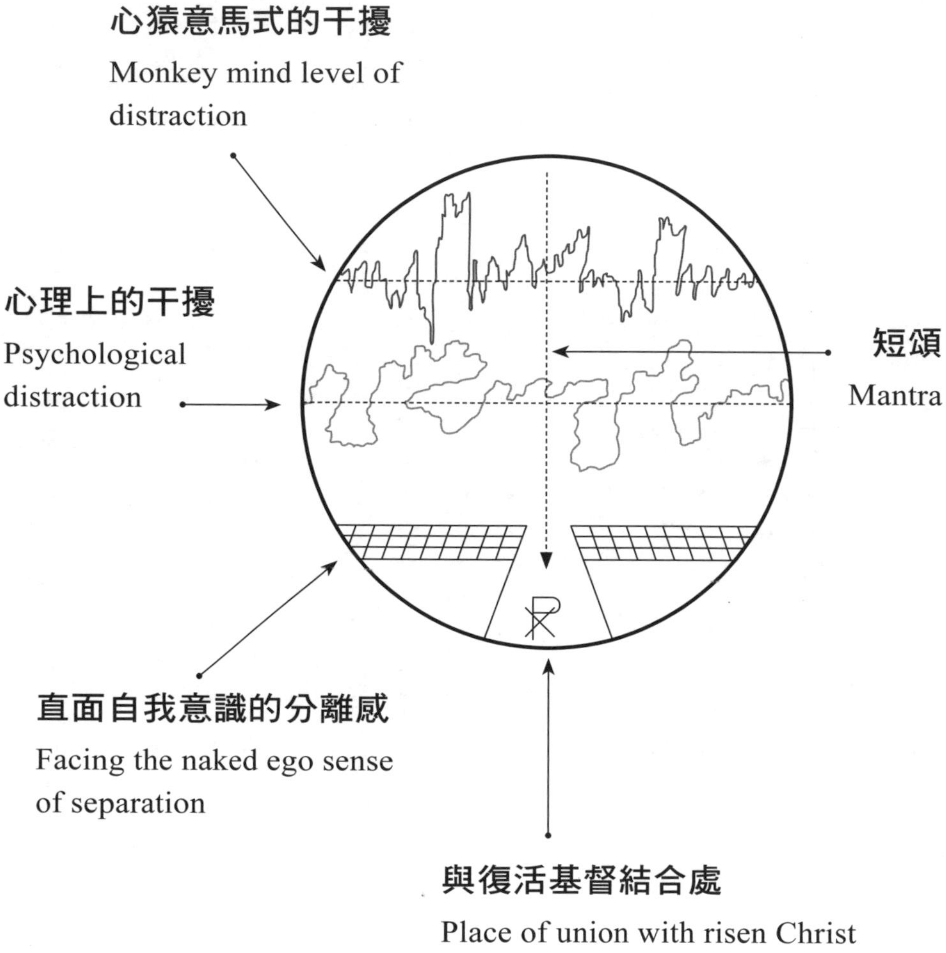
心猿意馬式的干擾
Monkey mind level of distraction
心理上的干擾
Psychological distraction
短頌
Mantra
直面自我意識的分離感
Facing the naked ego sense of separation
與復活基督結合處
Place of union with risen Christ

情緒變化做好準備。

我們可能無法得知這份悲傷、痛苦或憤怒究竟從何而來，可能我們不必非得知道不可。如果我們確實需要知道，我們就會知道的。會有一段特定的記憶浮於意識表層，你會突然意識到自己在思考一段曾經的關係或是生命的某個階段。這個過程可能不知不覺發生，你可能會在平時生活中想起它，但不太知道為何會想起；也許你有一些不得不問自己的問題，也許你不得不面對不想面對的事情。但慢慢地，它們都將被解決、整合。在這個過程中，最重要的就是持續默念短誦。

在這個階段，最危險的事莫過於放棄。第一階段時，你或許認為「我只是太浮躁，太容易分心」，然後便放棄。但第二階段的放棄不一樣。這一階段面臨的危險是，你會執著於自我，因為有太多的記憶如肥皂劇般湧現。這可是最好看的肥皂劇，因為你是作者，你是演員，你還是觀眾。這時候的危險便是我們過度沉溺自我，無法自拔。在這一階段，你確實需要知道什麼，就順其自然；但千萬不要執著於它，不要把種下去的種子反復挖出來研究。

再次提醒大家，依靠友誼和團體很有幫助。默禱之旅雖然孤獨，卻不寂寞；相反，它是寂寞的終結。默禱之旅引領我們體驗團體和友誼的支持。這是非同尋常的夥伴關係，也是非同尋常的情誼，但卻是靈修中真實而珍貴的禮物。它們對於我們面對這一階段的困難有重大意義。

隨著不斷深入，我們越來越多地學會在默念短誦時聆聽它。第一階段，你在默念時會遭遇很多分心，你得花費巨大努力集中精神；第二階段更深入一些，內心仿佛更多湧出短誦的迴響，然後我們就更多地聆聽它。若望·邁恩說，當我們開始聆聽短誦，旅程才真正開始。那麼，從此處出發，接下來要去往何方？

第三階段：存在的悲痛

來到這個階段就像是撞上一堵牆。《不知之雲》（*The Cloud of Unknowing*）中說，這堵牆就是「直面赤裸的自我意識」。它就好像我們進入自我和自我意識之內。它沒什麼好壞之分，只是一道障礙，我們無法依靠自己的力量穿越它。《不知之雲》提到，我們將在此階段體驗到「存在的悲痛」。

這是一個美麗的念頭，它和抑鬱不同，存在的悲痛是，自我阻止我們完全開放全然生活於當下而體驗到的悲痛。這意味著我們不能把自己全然交給天主。自我就像拴著鏈子的球，永遠無法真正自由。正因為這種自我意識和自我懷疑，讓我們在最為充滿愛的關係中退縮。那麼，當我們直面赤裸的自我意識時，我們該怎樣做呢？

我們已經學過，即便面對分心，也要懷著信心、純樸地默念短誦。分心當然還會有，但我們已經能更為自如地專注默念短誦，我們還開始學會聆聽。現在我們已學會短誦操練，而此操練將使我們從自我中獲得自由。所有操練的核心都是為引領我們進入自由。所以在這一階段，面對自我的牆，我們能做的就是期待、臨在、滿懷信德，期待神恩。

然後，你會意外發現，牆上有塊磚頭掉下來，跟著又有一塊磚頭掉下來。我們便看透這堵牆。牆當然還屹立在那兒，但我們已經能將其看穿。我們會看到自我的另一面，那裡也有一些東西——我擁有比我自己想像中更強大的潛能，它讓我合一，聯結，去愛，奉獻自己，與他人同在，與上主同在。這不過是小小一瞥，卻讓人如此喜樂。所以，儘管在牆的這一邊會有存在的悲痛，但在牆的另一邊，你會找到生命的喜悅。

漸漸地，越來越多的磚頭從牆上掉下來。這些磚頭是什麼呢？也許是恐懼或怨念，或是我們對上主、對愛、對他人的自我防禦，或者是偏見，或者是內疚和羞恥，或者是不合宜的欲望。慢慢地，這些自我的欲望和恐懼開始減淡，就是在這個階段，我們完全突破桎梏，超越自我進入精神（聖神）。你該記得，精神無法衡量，它無邊無際、自由自在，它充滿愛與和平，它充滿喜悅，它包容多樣。

若望．邁恩說，旅程之中，我們在此處來到身份的邊界。我們會遇到一位嚮導，我們意識到他就是復活的基督。當然，旅程的每個階段，耶穌都與我們同在，哪怕是在不自覺的分心階段，在我們內心的痛苦與孤寂中，或是在我們背負自我之十字架的第三階段，耶穌都與我們同在。但就是在此處，我們以一種特別的方式，一種非常個人化的方式，體驗到他，認識到他。

第四階段：遇見耶穌

在《若望福音》中，瑪利亞瑪達肋納來到空墳前哭泣，以為耶穌被搬走了。她轉過身，看見耶穌站在墓園中，卻沒有認出他來。她以為他是園丁，就問他：「你把耶穌的身體放在哪裡了？」耶穌對她說：「你為什麼哭泣？」這是一個有同情心且具有療愈性的問題。然後他叫她「瑪利亞」。那一刻，她的眼睛就開了，她認出了他，並喊他「辣步尼」（老師）（《若望／約翰福音》20：1－16）。基督徒的整個旅程，就是為達到這種認識體驗。

記住，整個旅程是為進入更深刻、更清晰的自我認識。當我們超越自我，進入真我，我們就能認出耶穌。然後，我們的旅程就在耶穌之內，與他一起進入聖神，並進入天主的無垠之海。

在第四階段，我們依然會遭遇分心，但分心的次數也許會越來越少，心靈更加平靜，我們也不再為分心而焦躁。我們不以分心的程度來判斷自己的默禱之旅。我們一輩子都在整合並治癒記憶和經驗，因為我們總是不斷經歷新的事情。然而，我們會慢慢學習到，我們並非通過判斷他人來化解衝突和困難，而是通過寬恕。我們會愈發理解寬恕的力量和意義，以及它如何發生。

在整個一生中，我們當然會一直擁有自我，但自我會更受控，更好地為我們服務。自我很重要，人人需要健康的自我（good ego），但它得處於它應在的位置。

在默禱之旅中有一點很重要，那就是所有不同階段是同時進行的。當我們更為深入地向聖神開放，當我們在生活中認出耶穌，所有階段都時刻在我們體內進行。我們在所有階段中都會認出耶穌。一定要清楚，這個過程很靈活，在不同階段的不同時間進行著，每個人在不同階段的經歷都會有微妙的不同。我們沒法說這個階段需要三個月，下個階段又得三個月，它不是這樣的，你無法衡量這趟旅程。所以，如果這趟旅程有其它的階段模式，也是很好的。認識這個模式，只是為讓我們感受其中一定會經歷某些階段，而且必須加以整合才能繼續深入。這個過程有週期性的反復，也有漸進性的進步。

在基督徒的視域下，這是與耶穌共融的過程，是滿懷愛的信德共融。這趟旅程，我們與耶穌一起，在聖神中走向天父，觸及生命無邊的奧祕。

第四部

默禱的意象

Images of Meditation

莉姿・沃森（Liz Watson）著
肖筱 譯

我們默禱的目的是天主本身，
天主好似總在我們前面的水平線。
因此，無論我們划向多遠，水平線總在我們前面，
我們切望的是能夠不斷向那水平線靠近。
我們所為只是單純地繼續划槳，
無論何事發生在我們周遭。
記住，前方的水平線使我們渴望繼續前行。

1 回家

在我們的語言中似乎有一些詞彙直接對我們的心靈說話。我們本能地知道它們的含義以及重要性，它們在我們內心引起共鳴。我們無需刻意與這類詞彙相聯，但如果我們反思它們，會意識到它們豐富的含義。它們反映了我們生命經驗的某些重要線索。

「家庭」是其中一個詞語。

英國演員吉姆・卡特（Jim Carter）[37]某次接受雜誌專訪。吉姆大半生都在演戲，他在電影和電視劇中出演過大量不同角色，聞名遐邇且獲獎無數。我們都可以想像採訪會如何進行：他分享了他扮演過的角色，職業生涯的起伏，成為名人的感覺等等。但是採訪快結束時，吉姆的話題出現了令人驚奇的轉向。他想描繪一幅更完整的畫面，好吧，是的，我的工作，我的職業生涯，成就——這些僅僅是我故事的部分，但這些並非完全是最重要的事。他說：在你生命中，什麼是最重要的事？當你脫下戲服回到家中，那時你才是你自己，那個人才是你所是。

---

37. 1948－，英國電影及電視演員。最知名的角色是《唐頓莊園》中的管家卡森。該角色為他贏得了四個戲劇類最佳男配角的提名。

當你回到家，這個自己才是真正的你。你進門，問候家人，脫下衣服，換身舒服的家居裝，深呼吸。你停止演戲，卸下戴了一天的面具，放鬆整日迎合他人的面孔或你自己，卸下防備，休息。家是你可以做你自己的地方，家人是接受真實的你的人。真實的你是你要對他好的人，沒有什麼比這更重要，因為真善美都只有從真實的自己而來。

無論我們的家是富裕或貧困（充滿愛或冷漠），我們仍舊知道家非常重要。你可以認為我們有回家的深邃本能，這是從母胎帶來的基本衝動。這肯定是這句經常被引用、非常簡潔詩意的句子所包含的意思之一，在《創世紀》中，作者用「照天主的肖像造了人」（《創世紀》1：27）來表明人的含義。我們本能地知道每個孩子都需要一個好的家庭。我們知道無家可歸的悲慘性。無家可歸意味缺乏安全感，意味著基本需求的不確定：去哪裡可以找到庇護所，何時能獲得食物，如何能在變化無常的天氣和惡人欺凌中保護自己。有人待你惡，你依賴於不確定的善意。你對自己的人生毫無掌控。我們瞬間能意識到我們被造不是為這樣生活，也絕非應當要這樣生活。在這樣的環境中你無法令生命開花。也許最糟糕的事就是被孤立。我們需要歸屬感，對某地某人某集體。我們需要成為一份子。家涵蓋了這一切。

如果對家的感情令我們體會到生命的「真理」性，我們應該能從《聖經》中得到一些反省。確實可以。「誰愛我，必遵守我的話，我父也必愛他，我們要到他那裡去，並要在他那裡作我們的住所（《若望／約翰福音》14：23）」。因此，《若望福音》中，家的核心概念就是愛、忠信和關係。家令我們知道我們是被愛的、可愛的，同樣，我們可以學習愛他者。

十四世紀時的英國神祕主義者諾威奇的朱利安姆姆說：「全然在家，祂永居於我內。」全然在家，天主無時無刻以我們為家，祂永居於我內。這是非常美好意蘊悠遠的許諾，或更好說，這是真實的陳述，天主以我們為家，除了以我們為家，沒有更好的地方，儘管我們只是無籍人類。永居，天主並非暫居，而是永居於我內，過去，現在和未來都將如此。因此從我們的視角，我們永遠在天主家中，在這裡我們可以找到歸屬，一個毫無條件、安全和忠信之愛的家。在這裡，我們被愛滋養，分享這份愛成為本能，我們與他人的關係和諧、合一和平安。對我們來說，這裡是絕對安全、絕對深入內在、絕對被滿足，常常被更新的地方。我們可以每天從這裡外出，不帶偽裝，能從繁雜諸事中清楚分辨，清楚知道自己是誰，何事重要。

我們該如何做？我們該如何回到這個天主居於我內的家？答案很簡單。我們打開心門，進入心內，我們的真我跨越了表演性的假我。我們坐下，靜止不動，背部直立但放鬆。我們默念短誦，一個祈禱詞，

Maranatha，或者你所選擇的其它詞句，我們僅僅簡單地、輕柔地、專注地、充滿愛意地一再在心內重複這個祈禱詞。一旦我們放鬆警覺，這是必然的，我們只需簡單地回到這個祈禱詞，在心中聆聽它，如同在心中誦唸它一般。另一位偉大的天主教神祕主義者——十三世紀時的艾克哈大師[38]說：「天主在家，是我們外出散步了。」天主在家——在我們內，當然，是我們外出了。我們立即能意識到，這是默禱的恰當比喻。我們持續分心走意，我們都瞭解這個經驗。方法是我們回到祈禱詞，這就是回家之途，聆聽它。它永遠只是一步之遙，一息之遙。

若我們能堅持這簡單的日常操練，每日兩次，會漸漸發現我們能更容易居於家中，不僅僅是在默禱期間，甚至更為可歎，在我們日常的任何事情上。

38. Meister Eckhart，1260－1327，道明會士。教會曾詰難其著述。早期德意志思辨型密契神學最重要的代表。第一位萊茵密契家。深受託名狄奧尼修的影響。

2

自行車與獨木舟

當我們使用「天主」這個詞，我們明白我們想言說一些——永不能完全理解或精確描繪，超越我們的表達極限，甚至我們自以為最有價值的思想——的事。也似乎因此，言說天主的最佳方式，是奧祕的，是隱祕的，是在概念中以不確定、曖昧和含混的方式言說。

但在現實中，對靈修生活的最好描繪，能給出最清晰直接指引的人，通常是那些能從日常瑣事和見聞中吸收靈感的人。我們或可說，所有受造物都言說天主。當若望．邁恩神父嘗試說明短誦是什麼的時候，非常確定這就是他的處境。他經常使用的一個比喻來源於他在二戰中的皇家信號部隊生涯。信號兵的一項重要職責就是準確地規劃目標和地點，以便為選定的目標提供直接和可靠的路線。為此，雷達是非常重要的工具。不斷聆聽中斷的雷達信號，成為他的日常工作，這對他來說就是完美的短誦形象。他說，短誦就像雷達發出的嗶嗶聲，帶領我們安全抵家，令我們穩定保持在最直接的道路上。當我們誦唸短誦，周而復始重複，有固定的節律，這將說明我們向目標穩步前進。這就是我們唯一需要做的，重複短誦。當然，信號並非永遠如水晶般清澈，可能因為其他相似頻率的信號出現擁堵、模糊或混亂，但其他信號無關緊要，因為雷達信號是唯一能令我們穩步前進的信號。

若望·邁恩神父也喜歡把默禱比作騎自行車。看一個老手騎自行車，感覺非常輕鬆。同樣地，當我們初次聽說如何做默禱，覺得非常容易。方法絕對容易，所以我們相信真的容易。但是，很快我們意識到，那麼容易的事，對我們卻絕非易事。如同我們初次騎自行車發現保持平衡需要技巧，當我們希望能一直騎行直線就更需要技巧，我們意識到默禱也需要一點技巧。也許在剛開始時，我們能做的就是不斷跌倒、不斷嘗試。當我們不穩定時，需要得到鼓勵。在成為老手之前，也許我們必得搖擺許久。

因此當我們開始默禱，停下一切事情，如同守齋，絕非如我們所想般容易。我們會想，「好吧，我不適合默禱。」但再試一把吧，於是我們在再次開始和停止之間搖擺許久，整個過程充滿猶疑。我們不確定自己在做什麼，是否正確，做得好不好，是否引領我們走向正途。但如果我們有一些同道，他們可以成為巨大的祝福。他們會在我們停止、搖擺和猶疑之際，幫助我們理解到這是旅程正常的一部分，如果我們堅持，漸漸地會發現這種搖擺越來越自然與尋常。分心走意是生活的一部分。我們不必去思

---

39. 作者在此明顯借鑒了古希臘哲學家赫拉克利特的名言，「人不能兩次踏進同一條河流。」這種關於「變」的哲學思想，對後來辯證法的發展產生過重大影響。

考或分析它，我們就只是繼續念短誦。有時這種感覺似登山，一路艱難。有時又如下山，似乎起飛，沒有剎車，一路暢行。有時又似乎在平坦的道路上平穩地騎自行車。

默禱也像划獨木舟。船槳在水中撩撥，一邊接著另一邊，非常像念短誦——忠信、穩定、有節律地重複，傾聽它，專注於它。雖然划槳行為次次相同，但你進入的河水已不同了[39]。今日風平浪靜，甚至有點舒適的暖風，划舟愜意，你回家時春風得意。他日心如波濤洶湧，意念難平，狂風大作，舉步維艱。此時，在心中持續誦唸短誦更為艱難，各種雜念向你的意識襲來，好似河邊堆積的大堆垃圾。但如果你持續划槳，不要查看、審視或停在河邊，你只是輕柔地繼續誦唸短誦，抵達終點，讓雜念擦身而過。

我們默禱的目的是天主本身，天主好似總在我們前面的水平線。因此，無論我們划向多遠，水平線總在我們前面，我們切望的是能夠不斷向那水平線靠近。我們所為只是單純地繼續划槳，無論何事發生在我們周遭。一個巨大的誘惑是，當我們內在升起一種真正平安的感覺，似乎耶穌所許諾的那樣，也是我們所渴望的那樣。在河水的圖像中，春風和煦，河岸花草芬芳，萬賴俱寂，撩人心意。但若望·伽仙非常確定地提醒我們，「有害的平安」（Pernicious peace）[40]。為何有害？因為這將阻礙我們向目

---

40. 伽仙在《會談錄》22和24章都提到過靈修狀態內的一種「有害的平安」（Pernicious peace）和「致命的昏睡」（lethal sleep），意指停留在淺層或感覺狀態上的平安，而非內在由天主而來的平安。在沙漠傳統中，這種平安常常指魔鬼的誘惑，使靈修止步不前。用現代人話說，大約像心靈雞湯一般，貌似好喝卻落入幻想。

標前行。記住，前方的水平線使我們渴望繼續前行。因此，若我們明智，遵循傳統智慧，我們將再次向水平線進發，不忘初心，重新專注到誦唸短誦上，專注聆聽它，揮動我們的船槳持續前進。

3 蚊子與猴子

我最近看了兩部電視節目。一部關於北極圈探險，一部關於一九七三年以色列和埃及的贖罪日戰爭，發生在西乃沙漠。當我看這兩部節目時，我想像中的北極和沙漠何其寬廣，空靈，純潔。但據節目介紹，我的想像並不那麼符合現實，因為探險者發現北極竟然有許多蚊子；在沙漠作戰的戰士也發現沙漠裡有太多蚊蚋，以致他們吃飯時很難不同時吞下蚊子。

這兩個發現令我聯想到默禱。常人以為默禱時頭腦一片澄明，那裡是一片寬廣安寧的空間。如果你這樣認為，是因為你並沒有親身嘗試過。所以，當有些人初次默禱，能很快經驗到令人沉醉的平安經驗。但有些人卻艱難地發現，頭腦離那片澄明太遠，滿是雜念。

想令頭腦完全靜止、停止思考是不可能的，分心走意是正常的事。如果我們與同道分享，會發現原來所有人都一樣，且常常如此。如果我們深入閱讀歷代一些靈修大師關於祈禱的文章，會發現他們談論與我們相同的經驗。

四世紀時的若望．伽仙描述他祈禱的過程。「即使在祈禱時，」當他希望自己頭腦澄明，他說，「我像個醉漢，頭腦裡天旋地轉。」

十九世紀時的隱遁者德奧梵[41]說：「雜念會像蚊子一樣在你的頭腦裡亂躥。」

印度教徒喜歡使用猴子作為頭腦的比喻，頭腦就像一顆爬滿猴子的樹，猴子吱吱唧唧，亢奮地在樹杈間跳來跳去。以我們個人的經驗來說，這絕對是非常準確的形象。

所以，是人都一樣，常常如此。你的頭腦常常處於這種狀態，不過是你首次意識到而已。科學家會告訴我們，有多少神經細胞活躍於我們大腦。因此最好的方式就是接受現實，事實就是如此。

但，我們面對現實並非無能為力。大德蘭說：「心思的散漫與心智的遊移不定，是人之狀況的一部分，猶如吃喝睡覺，不可避免。」

但，對這種分心走意的警覺可以成為我們自我認知的第一步，若你接受它，它可以成為我們人生旅途的朋友。沙漠教父說，「正如你抓不著風，你當然不能阻止使你分心的思想進入你的腦子裡。」

但我們應該做什麼？

俗語說：「你不能阻止鳥兒飛過你頭頂，但你可以阻止它們在你的頭上築巢。」

41. Theophan the Recluse，1815－1894，俄羅斯正教會坦波夫（Tambov）主教，靈修作家。他在《愛美集》（*The Philokalia*）從教會斯拉夫語翻譯到俄語的工作中扮演了重要角色。一九八八年被俄羅斯東正教會冊封為聖人。

隱遁者德奧梵又說：「想停止雜念，你必須萬念歸一。」所以誦唸短誦是方法，專注於它。我們在心中誦唸短誦，傾聽短誦，當我們分心走意時，一再回到它。我們讓自己萬念歸一。

禪者說：「對待雜念像虛舟渡河，任它們漂過，無人從舟上跳下，因為你的船是空的。」

十八世紀時的耶穌會士讓．皮埃爾．德．高薩德[42]說過：「讓思想隨波逐流，就像讓石頭落入大海一樣。許多時候，讓雜念像橡皮球一般，任其漂過。」

因此，我們並非擺脫雜念或清空它。如前所說，無論思想如何繁雜，它們只是背景雜音。誦唸短誦。雜念可以自在行動，它們可以悠閒徘徊，可以離開，可以彼此取代，但我只是自在自為，不予糾纏。我的專注在誦唸短誦。我們無需特意與之糾纏，我們全心誦唸短誦。不用強，只需安然操練短誦。當我們分心，輕柔地接受它，回到短誦上來。我們更趨向持續經驗天主，任雜念自來自去，讓短誦帶領我們，分心，回來，分心，回來。

在此過程中，我們初嘗自由滋味。我們無法阻止分心走意，但一旦足夠警覺，我們就能自由地選擇，是與之糾纏，亦或回到短誦？

---

42. Jean-Pierre de Caussade，1675－1751，法國耶穌會靈修作家，他曾是南特聖母往見會修女的神師。其文章被結集為《父，隨祢安排》，但作品被捲入寂靜主義爭論。死前任圖盧茲耶穌會神學院院長。

4 轉向內在

若你熟悉音樂，你也許知道音叉，若非如此，我將簡單介紹。音叉是長條的Y型鐵，你用一個硬體敲擊它，它以精確的頻率震動，在音階上產生一個特定的音符。音叉的目的是定音。比如說當我們想定A調，為了精準演唱或演奏，你就敲擊音叉，如果你的起音與音叉聲音一致，你就對了。音叉永遠能給你正確的A調。現在手機程式也能提供音叉軟體，讓你更清晰看到每個音階的震動頻率。

絕大多數歌手與演奏者發現，靠自己穩定定調常常是困難的。因此當我唱歌時，我常常讓自己的聲音與特定音符保持一致共鳴。我發覺這方法幫助我理解耶穌，以及耶穌生平對我們今日的啟示。我理解耶穌的人性完美地與神性頻率、神性波長和神性音調共鳴：與天主聖父完美定音。我想這個訊息令我們理解到，我們每個人也有潛能與天主共鳴，與天主同唱新歌，甚至對唱。這個理解方式易於我們理解基督徒常說的效法基督或跟隨基督。沿此思路思考，效法基督或跟隨基督並非單指閱讀福音故事，看耶穌所行並嘗試跟隨行之。總之，我身為一個當代女性，不可能如兩千年前的一個猶太男人一樣。關鍵在於我們需要效法他與天父的神性波長結合，然後活出這份結合的影響與果實，在我們所處的時代和環境，以我們的方式唱出新歌。

所以默禱好像我們的音叉，為使我們更好與神聖波長定音。我們誦唸短誦，短誦幫助我們和居於我內的聖神共鳴。當我們分心走意，警覺開始放鬆和失焦，重回短誦重新共鳴。我們回來，我們對我們的調音感到滿意，我們專注於我們專注的親密程度。

當默禱時，有時我們與短誦共鳴無礙，有時我們甚至起身放棄默禱，因為持續不合拍，從開始到最後。但無論順逆，我們能感到一次比一次寬闊，一次比一次和諧，一次比一次與自己合拍。即使這一切並未發生，但我們仍舊發現能夠較平和對待不滿和不暢。總之，我們發現默禱幫助我們的生活較為容易。

但那絕非全部。日常默禱的益處，並非僅是我們自信自然地與自己和諧相處，與自己合一，並更真誠待己，而是不斷發現我們更好與他人聯結、和諧相處，更合拍。

我們學著更全然傾聽，我們對他人的獨特保持開放，而非如常喋喋不休談論自己。我們希望瞭解他人，與他們合頻。我們學著感激不僅僅關注自己愛自己。我們開始意識到，所有受造物以多元的音色和音調與同一的神性頻率共鳴。當我們更專注傾聽神性頻率，而非僅僅聽我們自己的音調，而是也越發傾聽他人的音調，也非盡是人類，甚至是萬物，我們開始意識到協同全體受造物，我們可以創造更動聽和諧的音樂。我們能成為天堂之聲。在開唱之前，不僅留意自己最佳狀態的聲音，同時也留意他人的聲音，確保所有人同步，無人突兀。偉大的和諧便產生了。

所有這一切起始於，且一再起始於：當我們坐下默禱。安靜就坐，身心靜止，誦唸短誦，忠信地、日益警覺地傾聽它。

5 一朵花

祈禱的至美在於心靈的敞開自然如同鮮花的盛開，春來花自開。因此我們只是存在著，我們是靜止的、寧靜的，心便自然打開，聖神便自然傾注於我們整個的存在。這是我們被創造所是。

——若望・邁恩神父

當你讀到這段文字，我好奇，你是否被安慰，因為祈禱不再是關乎抱怨或要求。沒有負擔。你不是嘗試做任何事，而是允許一些應當發生的事發生，允許已開花的結果。

「允許」（Allowing）是若望・邁恩神父的一個主題。比如他說：

皈依的第一步是允許我們被愛；
人格成長的第一步是允許我們被愛；
愛天主的第一步是允許我們被愛；

愛近人的第一步是：允許我們被愛。

為何許多人發現身處大自然是感到——與超越自己的、更宏大、更美麗、更平安、更和諧，難以在他處尋到的事物——相聯結的方法，大自然宣講天主的方法獨特，無論身處國家公園還是街心小花園。無論置身崇山峻嶺，或潺流小溪，參天大樹旁，或青蔥幼苗邊。山坡綠樹持續被風暴摧殘，發育不良，肢體傾斜，掙扎求生，儘管如此，仍自有其美。樹枝被從樹上刮斷，傷口癒合，如今傷口整合成綠樹光榮的一部分。你可以在理想的環境下，凝視飄零在最好的土壤裡的花朵，它們已經獲得了一種特別的圓滿的榮耀。然而，也有半片花葉，掙扎著從人行道的裂縫中或者從沒有任何支撐的裂縫中生存下來，這同樣美麗。

靈魂與大自然共鳴，我們瞭解、感知，大自然只是其本身，而非任何它物。它本身的存在就是其美，其完美，毫無目的毫無意識地將其自身傳遞給人類。大自然不分析自己，不會感到驕傲或羞愧，大自然不為自身道歉，只是自在自為。因此我認為，這就是為何，大自然能如此豐富地向我們宣講天主。

十四世紀的英國神祕主義著作《不知之雲》堅持沒有任何人類語言能完美描述天主，但若我們一定需要使用一個詞語，不會有比「實然／存在於在／全然的在」（is-ness）更好的詞語。天主是「是」（is），我們也是「是」（are），然而我們徹底忘卻這點，需要重新記起。我們需要重新學習成為自然的自己，這非易事。從青春期至成年，我們堆積了各類習慣、感受、生存之道、自我意識和自我中心的模式，這些令我們的生命和關係變得複雜、不滿，遠離真我。過去的我們被比較和競爭充滿，被驕傲、羞愧和負罪感包圍，過於用力，不斷給自己打分，判斷自己，以及用成功失敗來衡量自己。我們責備他人以證明自己。我們被告知生命並非總是喜樂的，我們曾經得到多少滿足，也同樣有多少自我懷疑。我們總想成為其他人，總想達到我們不是的某人某事。

但當神恩抵達我們的片刻，警覺的片刻，也許像黎明來臨時的舒緩。我們以一種嶄新的方式意識到我們並不滿足，我們對自己的不滿足感到不滿足。我們不能滿足於像過去那樣生活，我們發現了默禱。我們進入這簡單的操練，在天主的「是」內我們成為我所「是」。我們把所有的思想和感情放在一邊，安於我們的短誦，聆聽它。當我們堅持默禱，我們發現自己拋棄一些根深蒂固的陳舊思想和感覺習慣，拋棄一些我們以前需要的、對生命具有致命殺傷力的生存方式，特別是，我們開始拋棄過於用力的習慣。我們學習到默禱並非嘗試讓什麼事發生。確實，默禱並非嘗試做任何事，無論是靠我們自己的努力還是我們自身的力量。默禱不過是允許一種動態的、療愈性的、充滿活力的聖神的德能，在我們內成為更動態的、更療愈性的及更充滿活力的。

諾貝爾文學獎得主、印度哲理詩人泰戈爾曾這樣描述過以上狀態：

不，不是你的力量使含苞欲放成鮮花。
你搖晃花苞，擊打花苞；可你無能為力使其盛放。
你的撫摸玷汙了它，你撕碎花瓣，棄之於塵埃。
但沒有姹紫嫣紅，也沒有馥郁芬芳。
啊！不是你的力量使含苞欲放成鮮花。

能夠盛放花苞的那一位，做起來輕而易舉。
他瞥上一眼，生命之氣息便顫動在葉脈之間。
他噓一口氣，花朵便張開羽翼，於微風中翩躚。
色彩斑斕，如心靈的熱望，芬芳洩露出一個香甜的祕密。
能夠綻放花苞的那一位，做起來輕而易舉。（《采果集》18）

6 橡實

「成為一顆橡實，」多瑪斯・牟敦說，「是要嘗嘗做橡樹的滋味。」橡樹的全部潛能，樹根、樹枝、樹幹、樹葉、蓓蕾、果實，從起初就為孕育橡實的果肉。不多不少，不增不減。二十世紀多產的隱修士作家多瑪斯・牟敦在默觀領域影響深遠，我想他說這句話想表達的當然是有關「成為人」，意味著成為按照天主肖像所創造的人。

初期教會的許多思想家非常喜愛人按照天主的肖像被造這個理念與真理，成為人意味與主親近，這對他們來說非常清晰。我們相似天主基於我們被造的事實。我們照天主的肖像被造，若我們願意，我們可以讓自己的生命更肖似天主，更肖似基督，擁有「基督的心意」。初期思想家們認為，天主的火花已經在我們內，這火花可以成為火焰。所以我們可以在天主內燃燒，與天主一起燃燒。聖亞大納削[43]有名言：「天主在基督內成為人，是為了人成為天主。」第二世紀的教父奧利振[44]認為，我們祈禱並非單單有求於天主，祈禱是讓我們肖似天主，這比我們一般理解的祈禱具有

43. Athanasius of Alexandria，293～298－373，埃及亞歷山大里亞總主教，聖師。尼西亞大公會議主角之一，為駁斥亞略異端，捍衛三位一體教義居功至偉。其主要著作包括《論道成肉身》以及影響後世隱修傳統的巨著《聖安當傳》。

更深願景。但人成長為更肖似天主如何可能？這種可能是因為我們本來就是按照天主肖像所造。在我們內本傾注有對天主的渴望，在我們心中，在我們存在的核心，這種渴望唯有天主可滿足。並且直到我們被滿足，直到我們內在的饑渴被飽飫，我們永遠有需求。如同牟敦所說：「成為一顆橡實是要嘗嘗做橡樹的滋味」。

想像一下，你過去從未見過橡實，若你看見一顆掉在地上的橡實，你只是看著它，你無法想像它會變成怎樣。你絕對想像不到這顆小小橡實可能長成參天橡樹。所以在牟頓的意向中，他理解我們每個人都具有潛力成為不可想像的人。我們很難想像我們可能成為什麼人。我們對人發展出神性潛能也許有一些基本概念，我們也可以從耶穌或一些聖人那裡瞭解到天主向我們說的話，但我們絕對想像不到我們具有的無限量潛能。但當我們決心坐下開始默禱，在我們內心深處的渴望加深，渴望更深成為我所是。我們甚至沒有察覺，旅程已經開始。

所以我們已經開始默禱之旅，我們開始的方式和我們嘗試做的其他事情一樣。設定目標，希望達標，如果有問題我們就解決問題。但不久我們就意識到，默禱並非這樣在工作。正如橡實並非靠自己變柔軟及裂開，它需要陽光雨露、沃土營養，才破裂進入另一階段。我們也是如此。我們開花不靠自力，但可以創造條件協助這一切發生。

---

44. Origen，184－253，被稱為早期教會產生過的最偉大的天才，屬亞歷山大里亞學派，其著作及思想雖然引起爭議，但對基督宗教神學發展具有重大影響。他對聖經的寓意釋經看法也影響了教會的釋經學。

我們坐下默禱所需的條件有哪些？首先，我們需要找一個盡可能安靜和令我們感到熟悉的環境，一間房間的一隅、一把舒適的椅子。這個環境會令我們覺得親切，同時也會提醒我們記得默禱。我們也可以裝飾一隅，將其神聖化，擺設一幅聖像及一個蠟燭。我們抽出時間默禱，將其與自身日常模式相結合，早餐前、工作前、午餐前，晚餐前。默禱前，我們允許自己用少許時間準備自己，伸展肢體、意向祈禱、閱讀聖經、聆聽音樂、安然坐下並舒緩呼吸。看你自己需要什麼。

若我們匆忙坐下，或剛從睡夢中醒來，此時直接做默禱會有難度。因此我們找到一個神聖空間，花少許時間醞釀，設置時間提示器[45]。我們秉持務實態度，因為日常忙碌，不可能照我們喜好做長時間默禱，也不要因為時時看提示器而干擾我們默禱。堅持默禱二十到二十五分鐘，既然設置了時間提示器，就把時間抛在腦後。我們創造條件幫助我們操練，這本身就是一種操練。當我們知道自己的不足，便可以開始改善。若我們知道早起對我們困難，那就需要操練自己聽到鬧鐘便起床，因為我們希望能有充足時間默禱。若我們常常晚睡晚起，也許就意識到自己並不想堅持默禱。若我們真心渴望默禱，就必須校正自己的作息規律，創造條件堅持默禱。若確實無法從日常忙碌中抽身，確實缺乏良好環境默禱，那我們就盡力而為。

45. 經驗得知，手機或鬧鐘一般震動音比較大，影響默禱者出入靜。因此默禱團體推出了蘋果和安卓手機系統都可以下載的出入靜提醒軟體，設置時間，以柔和的磬聲提醒開始和結束。讀者可在蘋果和安卓商店搜索WCCM App 2免費下載使用。

我們創造條件默禱，選擇短誦，恆定在這個短誦上。不斷重複短誦，允許短誦在我們內生根。短誦也許成為我們內心的好夥伴，無論在艱難時刻，或閒暇時刻，短誦都會有意識地在我們內心不斷重複。

我們可以學著更明智、更忠誠、更充滿愛心地去做所有我們能做的事情，至於剩下的事，則是聖神藉著我們在我們內所完成的不可想像的事。

7 小提琴弦

如同校準音調的小提琴弦，沒有鬆弛或過緊。身體挺直，雙肩微張，頭部放鬆。

這是生命幾乎橫跨整個十九世紀的俄羅斯著名隱修士隱遁者德奧梵的一句話。他有一本著作《屬靈生命和協調一致》，您可以讀到這是他談論祈禱時的姿勢，與他的內在生命緊密相連。

從教理上來說，因為默禱屬於心禱[46]範疇，我們通常不認為身體積極參與其中。我們常以為身體是心智、心靈或靈魂的容器。首先，我們認為我們是由區別對待的不同部分所組成。對待身體，我們可以健身、節食、美容等；對待心智，通過教育和學習；對待意志，堅強它，強化它；對待情緒，傾聽、學習掌控它或發現原來我們有情緒；對待想像力，釋放它、表達它或放縱它。

若我們在默禱前已經嘗試過其他祈禱，我們的祈禱必然反映出自我需

46. Meditation和Contemplation的拉丁文在歷史上詞義不斷變化和豐富，許多靈修家使用它們，但可能表述不同的內涵。在《天主教教理》2699中，將祈禱分為口禱、默想和心禱。基督徒默禱翻譯取其靜默之禱，並非默想，無疑歸於心禱之列，默禱的確是「心的祈禱 The Prayer of the Heart」。

求的側面。我們很可能帶著部分的自己來到天主面前。我們可能帶著渴望而來，向天主祈求我們所想所需，或為他人代禱；有時我們帶著思考和反省——思考天主是誰，思考耶穌的一生，反省經文或聖書，反省和審視我們自己的生活；有時我們借助肢體參與神聖禮儀，劃十字聖號，或站或跪；有時我們特別借助想像力；有時我們只是按自己的意志或特定意圖祈禱。

但當我們默禱，卻只能以完整合一的自己展開。我們傾盡全部參與，因為我們的每個部分都趨向靜默，都警覺於短誦這個「一念的靜默點」。若心智在整合的靜默中徘徊，或想像力天馬行空，或身體發癢分散注意，或我們期待什麼事會發生，我們都把意識轉回到靜默點，回到短誦，重新集中所有能量。然而，默禱的靜默絕非死寂，我們被帶入的是生活的、警覺的及富有創造性的靜默。若望．邁恩神父理解默禱是「純粹的行動」，是完整的內在，默禱以其無形式性，為我們的思想、感情、知覺、身體動作、欲望、想像、意願等賦予聚焦的形式。

當我們持續默禱，我們開始意識到人的確是相互影響的不同部分的集合。儘管我們可以認可部分，但我們的確是整合的整體。當我們受到考驗時，就會變得暴躁。如果我們用意志凌駕於身體的需要之上，就會生病。當我們緊張的時候，呼吸會變急促，下巴會繃緊。如果我們操練，頭腦會更敏銳。

所以默禱會帶來改變，默禱會影響我們存在的所有幅度。首先警覺身體的存在，如隱遁者德奧梵所說：「如同校準音調的小提琴弦。」我們默禱並非僅是為休息或放鬆，癱倒在沙發裡已經足夠放鬆。默禱是特別的，我們專注於短誦，雖然溫柔親和，但準確清晰，沙發並不是默禱的好地方。最好選擇椅子，或祈禱凳，或者可能就雙腿交叉而坐。默禱的傳統要求我們背部保持直立，但身體放鬆，保持一個舒服坐姿，呼吸順暢。「身體挺直，不要鬆弛或過緊」，德奧梵說。放鬆但警覺。放鬆是因為我們存在於無條件的愛內，不做任何事，不證明任何事，不評斷任何事，成為一切，在愛內，無有恐懼。但若我們在這份愛內昏睡便可惜，因為錯過了它。我們希望警覺接納，因此身體需要合頻。底盤扎實，腿腳貼實地面，雙手放在膝蓋上，沒有任何緊張或糾結。我們允許我們自己放下。

「雙肩微張，頭部放鬆」。雙肩微張，喉頭頸部鬆弛，有助呼吸流通，將注意力集中在頭部，感受它在肩上的重量，允許額上皺紋和緊張變得鬆弛，允許眼角眉梢鬆懈，允許下巴放鬆。然後將注意力專注在肩部，讓其自然存在於肢體的最上部，放鬆。讓上身每個部分自然放鬆，把整個身體重量卸到椅子上或地板上，信任這份承重。

感受你的大腿肌肉放鬆，你此刻不做任何事增加其重。感受你的小腿自然地從膝蓋垂下，感受它與地板上的腳部的聯結。然後，若你覺得有幫助，將你的專注放在呼吸上。對許多人來說，這是放鬆以及將專注從頭腦歸到心的最佳方法。有意識地吸氣、呼氣。你不是專注於呼吸，而是觀照它：吸氣，呼氣，吸氣，呼氣。很有可能的是，簡單地觀照你的呼吸，實際上會幫助你的呼吸放鬆，並更深入地進入你的身體。但不要嘗試「做」任何事。

所以你現在準備好誦唸短誦，在心中重複它，傾聽它，專注於它，但放輕鬆。儘量不間斷地，忠信地去誦唸短誦。任何時候，當你意識到你分心走意，柔和地、清晰地回到你的短誦上來。

8

一朵雲

「從來沒有人見過天主。」（《若望福音》1：18）當然，我們知道真是這樣。似乎天主隱藏了自己，隱藏，或者說，在雲端。一朵雲是我們關於天主經驗的好形象。一朵雲可以徹底籠罩山巔，如果我們被雲朵遮蔽雙眼，所有熟悉的地標都變模糊，我們將迷失方向，不知身處何地，將去向何方。遮蔽天主的雲朵並非不可參透，那不是磚牆，天人交流並未完全阻隔。當我們被雲朵遮蔽，雲朵並未完全剝奪我們的感官。我們仍舊可以聽到聲音，但卻不知從何方傳來。我們仍舊可觸可嘗，儘管我們越出我們所能導航的領域。我們「走出舒適地帶」，當我們置身舒適地帶以外，我們更好說，那是相遇天主的絕好之地。天主以新方法向我們通傳，指引我們到新的領域，並教導我們如何導航。

如果我們熟悉梅瑟的故事，我們知道是在西乃山頂的濃雲密布裡，梅瑟與天主最親密相遇（參《出谷紀》19：16），這次相遇意義深遠，改變了梅瑟的生命，且改變了以色列人的命運。因為天主在雲端賜下十誡，並預許以民，帶給他們盟約的新生命。這個事件吸引了初期教會一些教父的注意。第四世紀時的教父尼撒的額我略[47]特別被吸引。他寫到：「梅瑟勇敢進入黑暗，進入那不可見的事物內。我認為，他以行為教導我們，那些與天主親密交流者，必須超越一切可見之物，相信神聖者在那理智所無法抵達的地方。」

這是重點，從來沒有人見過天主。我們無法靠我們慣於分析的頭腦領悟天主；我們無法以思想徹底瞭解天主。梅瑟與天主的親密相遇，尼撒的額我略接著寫到，它與愛有關，與關係有關，是心與心的相知。你無法以思考天主的方式與天主戀愛，你無法以思考任何人的方式與對方戀愛，如果你確實認為自己相信自己愛一個人，不久你便會發現這是自欺，犯下悲劇性的錯誤。與天主的親密關係同理。這不是頭腦、心智或意志的努力，這屬於飽含一切的心的範疇，它使我們整合為一，並自我超越。

雲朵的形象稍後也出現在十四世紀時的神祕主義著作《不知之雲》中，我們不知作者是誰。在這本書中，出現了兩朵雲的形象。天主隱身其中的是不知之雲，對思考的頭腦隱身。作者寫到：「天主自己，人無法理解。愛祂，而非思考祂。愛祂，或能領悟和抓住祂，但不是靠思考，絕無可能。」因此我們要將自己的思想置於另一朵雲下，坐忘之雲（a cloud of forgetting）。吊詭的是，唯有我們將思考置於坐忘之雲下，我們可以直接

47. Gregory of Nyssa，335－395，尼撒城主教，卡帕多契亞教父三傑之一。尼撒的額我略深受新柏拉圖主義影響，其聖三論具有神祕主義氣質。最著名的著作便是《梅瑟傳》。

穿過不知之雲——天主對理念隱身的地方。當作者談及默禱，要求我們忘記所有理念和感受，將它們拋於坐忘之雲下，而試著用渴望的愛之箭矢，去衝破不知之雲。「我們應向天主表達我們的赤誠」，他說，「除天主外，別無所求。」同時，為了這樣做，他說，你可以「將赤誠化為一個單字。把這個單字牢牢記在心裡，無論發生什麼，它都不會離開你。」

這就是默禱時所做的，我們選擇短誦，不斷重複，無論發生什麼，專注於它。「如果你的頭腦問你想要什麼，除了單字，別無答案，」《不知之雲》的作者這樣說。他明白人性，明白分心走意是自然情況。如果任何雜念干擾我們，或導致我們放鬆警覺，所有的答案就是回到短誦，那同一的短誦。我們無需思考我們想從默禱中獲得什麼，或者我們是否已經從中有所收穫。我們無需與雜念鬥爭，無需擔憂、分析它，無需思考它的源頭及它是否有價值。我們也不要思考為何我們不能更專注默禱，也不要計算過了多少時間。我們可能會被誘惑去探索我們所選擇的短誦所展現的美好意蘊，「如果你想分析這個詞，告訴你自己：停止這樣做，讓它保持其所是。」這就是為何若望．邁恩建議我們選擇非母語的詞彙，如此我們便可以減少一些相關雜念。「只要你抓緊短誦，」《不知之雲》的作者說，「你的誘惑不會持續太久。」因此無論是何種雜念，他建議你用一個答案，這個答案就是單字，你的短誦。任何雜念誘惑你分心，你的答案就是再次回到短誦上來。當你更有經驗後，也許你會發現，雜念並非如你初次經歷時所理解的那般負面及困惑。你可能開始把它們看作是釋放表層意識的邀請，一遍又一遍，所以你可以從更深的地方學習生活。也許你會視它們為恩寵的開端。

最後，如若望．邁恩所言，我可以對你所說的唯一建議就是：念你的短誦（Say your word）。

第五部

探索《不知之雲》

The Cloud of Unknowing

格雷姆・沃森牧師（Revd Graeme Watson）著
肖筱 譯

因著愛的恩賜，我們得以親近天主。
因為天主超越一切人類理解，
那些尋求天主之人必須跳出既定思維。

1
不知之雲：默觀之書

若望・邁恩認為《不知之雲》是「英語神祕主義傳統裡最簡潔、最具實踐性和平衡性的指導默觀之書」。它的無名作者使用中世紀英語寫作，可能是一個默觀團體的隱修士和司鐸。作者總結了我們今天所知的基督徒默禱精華。我將去探索這本靈修經典裡的一些主旨。首先是關於封面頁的評注：

本書談論默觀，名為
不知之雲，
在那裡，靈魂與天主合一。[48]

默觀

對於當代許多人來說，默觀經常被理解為頭腦的運作，運用觀察的能

48. 《不知之雲》以中世紀英語寫成，歷代有不同翻譯版本，略有殊異。譯者參考光啟文化鄭聖沖中文譯本，引用標明頁碼。未顯示注腳的經文，則是遵從本文英文原稿，很明顯兩者使用了不同的英文版本，因此譯者選擇自譯，後不贅述。

力，去思考去反省。人們視其為一種智力活動，理解與思考在其中起主導作用。在現代術語中，屬於左腦運動。在信仰語境內，是思考天主，學習聖經，聆聽講道，閱讀神學書籍等等。然而默觀一詞的原初涵義非常不同，它與思考毫無關聯。默觀是全人的——身、心、靈——屬靈及宗教操練。

默觀（Contemplation）的詞根是殿堂（temple）。殿堂是神聖之地，人們在此尋求與神聖——轉換人們所處可觀可感之世界的不可見之大能——合一。非常有象徵意思的是，所有神聖殿堂都部分向全人類敞開，無論性別、智商、教育程度、門第、國度或種族。比如猶太會堂，就特別為女性和非猶太人設置一些神聖所。耶穌堅持天主的國為「最小的弟兄」敞開，那些無社會地位的人，尤其是孩童。因此默觀為所有人都適宜，它本質上是包容的、簡單的和直接的。

因此，《不知之雲》並非是內行人士專屬書籍，並非專屬於那些居於靜隱之所的祈禱專家、神父、修女和隱修士。雖然本書最初是寫給一位年方二十四歲的初學隱修士的，但這本書對所有渴望瞭解並操練默觀的人都永遠有益。

不知之雲

稍後我們將深入探索「不知之雲」的涵義。但此刻，我們需要澄清，如同作者提示我們，天主之不可見，且並非僅如此，天主超越人們的理解和理智。因此願意抵達天主，愛的關係是唯一道路。這是作者的中心思想。如同聖若望所言：

> 天主是愛，那存留在愛內的，就存留在天主內，天主也存留在他內。（《若望壹書》4：16）

因著愛的恩賜，我們得以親近天主。因為天主超越一切人類理解，那些尋求天主之人必須跳出既定思維：他們的思考方式，記憶，甚至對天主的觀念。同時做好準備進入黑暗不可見光之世界，在那裡沒有熟悉的路標，感覺像進入隧道、洞穴、或完全陌生的黑暗室內。當你進入，作者描述到：

> 未知的黑暗，真正隱藏之黑暗，所有常識皆被關閉。

作者將此處天主臨在的經驗相似於梅瑟在西乃山的經驗。天主邀請梅瑟登上西乃山，在那裡，《聖經》記載，他進入聖山頂部的濃雲（參《出谷紀》19章），在那裡：

在專一的愛內，對任何現存事物既無感覺也無思想留存，甚至自己，為在一切面向經驗那超越萬有的天主的臨在。（《不知之雲》第一章）

經驗天主的關鍵是專一的愛，換句話說，忠貞之愛。當你尋求天主，如同梅瑟，無預設條件，無期望回報，但有全然開放之心之靈，你就可經驗祂，意識到天主的臨在——靜謐輕柔低語。

靈魂與主合一

對某部分人來說，與天主「成為一體」（oned）的想法是奇怪的。他們說：有限、罪惡和有缺陷的人類，與無限神聖的天主之間難道不是有巨大的鴻溝嗎？我們如何能成為一體？這正是《不知之雲》的作者自己所面對及所希望得到解答的問題。在此我只想簡單指出，就基督徒而言，這個問題已被耶穌的生命、死亡及復活所解答，他是真人也是真天主。

初代基督徒親身經歷了復活後的基督同在。所以他們說：我生活已不是我生活，而是基督在我內生活；我現今在肉身內生活，是生活在對天主子的信仰內；他愛了我，且為我捨棄了自己（《迦拉達人書》2：20）。聖保祿的這句話並非僅是金句或口號。這句話切實反映了無數男男女女基督信徒的現實生活經驗，無論他們的背景如何。

成為基督徒意味著「在基督內」，成為基督的肢體，借著基督，在居於我內的聖神內，與聖三共融。這是意味深長的合一經驗，不僅與背景殊異的人們，而是與所有受造物及其恩典合一。以我之見，經驗這偉大真理的最佳方式是，每日早晚默禱三十分鐘，一心一意一體地與主結合。

2 短誦

用這個短誦，你能夠撞擊頭頂的雲和黑暗。（《不知之雲》第七章）

讓我們細心聆聽這段來自《不知之雲》第三十七章的形象文字：

一個突發災禍（或得知某人死訊）而受驚的男人或女人，限於當時的境遇，他只能用他能用的辦法時，他必用盡精力大聲呼救。在這緊急關頭，他不會說很多話，甚至不會用長詞句。他集中精力大呼「救命！」來表達他迫切的需求。用這簡短的話，倒能激發別人的注意去幫助他。同樣，我們可以懂得一句內心的話，不僅用嘴說出或頭腦中想到，而是從心靈深處湧出，表達整個心願的話，該有多大力量呢！這裡我說的「深處」與「高度」意義相同。在精神世界裡，高、深、長、寬所指是完全一樣的，從你心靈深處噴湧而出的那句祈禱，遠勝過漫不經心地誦唸的長篇聖詠，更能感動全能上主的心。這就是《聖經》所稱：

「短禱筆直穿透高天。」[49]

「短禱筆直穿透高天。」作者為描繪他的教導使用完全屬世的事件和日常中的圖像，顯其真實，不論時代。作者教導讀者們，在他們尋求天主的路上，簡單直接，仿佛他們與父母、家人和鄰居的交往一般。他建議用一個短詞呼喚神（God）：愛，或天主（GOD）。沒有過度畏懼，呼喚天主如同最親最近的人。簡短單純。耶穌在宣講山中聖訓時也提醒我們：「你們祈禱時，不要嘮嘮叨叨，如同外邦人一樣，因為他們以為只要多言，便可獲得垂允。你們不要跟他們一樣，因為你們的父，在你們求他以前，已知道你們需要什麼。所以，你們應當這樣祈禱：我們在天的父……。」（《瑪竇／馬太福音》6：7－9）

作者並未說，天主只在我們哭喊時才俯聽我們，以及只俯聽那些喊得最大聲的人。作者只說用一個短誦呼喚天主，簡單直接。重點是短誦或短句要精簡易記。若望·伽仙從四世紀沙漠教父教母處學習到他們最常使用的短誦：天主，求你快來拯救我！上主，求你速來扶助我！（《聖詠／詩篇》70）也有些人選擇東正教的傳統，即耶穌禱文：主耶穌，天主子，可憐我罪人。

若望·邁恩教導默禱者的短誦，我們許多人都覺得非常適用：

49. 鄭聖沖譯，《不知之雲》（臺北：光啟文化，2010），第99頁。

MARANATHA，意思是「主，請來」。極簡短，僅四個音節，*MA-RA-NA-TA*。這是我們在《新約聖經》中可以找到的阿拉美文禱詞。我們知道，當我們使用這個詞祈禱，完全如初代基督徒一般。當我們使用這個詞，我們知道我們扎根於基督徒傳統。但是當我們默禱時，不必思考它的意思，我們完全不思考，僅僅專注於當下。無論我們選擇哪個短誦，都應是內心地、安靜地、默觀地、呼吸自如地誦唸。同樣重要的是，聆聽短誦，以使我們保持專注。

誦唸短誦（Say your mantra）。若望．邁恩經常簡單直接地回應那些問他關於默禱問題的人。許多人初默禱時，理所當然以為掌握了方法就一切順利。但是默禱方法如此簡單，連小朋友都可以做。我們需要掌握的並非一個方法，而是一份操練，而那需要面對太多太多次的挑戰。一個問題是，我們生活的這個時代主要以我們的技術來衡量我們。一套技能是可衡量的。因此我們很難相信，僅是如此簡單地坐下誦唸短誦，是有效和有價值的。默禱首先及重要在於，它是一份需要積極性、毅力和投入的操練。

《不知之雲》的作者以其個人經驗深知默觀祈禱絕不簡單，因此他儘早在第三章給讀者三個建議。首先是我們絕不孤單，有不可見的諸聖和天使在側陪伴。其次我們需要記住，不要因自我懷疑、未能堅持及他人的嘲諷而失去勇氣。這些是魔鬼的詭計，他說，換句話說，是我們內在的心魔以及自我價值被不斷懷疑。第三件需要記住的事是，儘管我們很少意識到，即我們忠信的日常操練也會惠及他人，且絕非僅是我們的近人受惠。就像扔進池塘裡的石頭，向四面八方蕩起漣漪。儘管他首先承認默觀操練極端艱辛，但他仍堅持當我們借著上主恩寵的振奮，他說，「做來是如此輕鬆，如此樂意。」如同其它藝術或手藝，默觀要求持久委身操練。

若望．邁恩以其自身經驗給出很好的例子。他某次觀賞了偉大的小提琴演奏家耶胡迪．梅紐因[50]的演奏會，他的演出那樣卓越輕鬆，以致若望．邁恩覺得演奏小提琴非常容易。當然，若望．邁恩知道這卓越是每日勤加練習的結果。我們需要堅持默禱，早晚各半小時。記住，在世界各地，每時每刻都有許多人陪伴你一起在默禱。

誠然，我們與天主的關係不可避免高低起伏。有時我們覺得祈禱很困難，缺乏動力。有時只是覺得，天主不在那裡等候我們。這都非常自然，不必擔心。自然地，默禱會幫助我們的信德成長於一份自我驗證的操練中。

50. Yehudi Menuhin，1916－1993，世界著名美國猶太裔小提琴家，曾任英國皇家交響樂團首席指揮。在其對極具浪漫樂風的曲子的處理獲得廣為讚譽後，他經歷了生理上及藝術上的多重困境，這來源於他在二戰期間的過勞工作。這時他開始尋求靜心冥想的幫助，並且繼續操練，這些努力幫助他克服了許多困難。一九九三年他被英國皇室晉為終身貴族。他曾為文之光神父著作《我心裡的光》（星火文化，2022）作序。

3

不知之雲

以渴慕的愛之箭矢，向那濃厚的不知之雲射擊。（《不知之雲》第六章）

你必須「做好盡可能長久地停留在此黑暗之中的準備」。「若你從未感知或看見天主，在此生中所能做的，就是必須永遠存在於這片濃雲和黑暗中。」換句話說，當你進入默觀祈禱，不要指望迅即得光照或內心平安。不要期待任何事。你所進入之地，所有的熟悉地標皆已摧毀，你之前累積的所有知識在此都無法幫助你。你在黑暗中摸索，仿佛進入毫無光亮的山洞或隧道。你所熟悉的一切皆已被棄之一邊。你在進入「不知之雲」。在這裡，你將找到天主，或你將經驗天主之愛的臨在。

天主是什麼樣的？在第六章，作者以戲謔口吻問他的讀者：「你現在問我說，『我怎能以天主之念思考天主呢？』對這問題，我僅能說：『我不知道。』」若以當代觀念，我們可否說作者是不可知論者？或懷疑天主存在？絕非如此。他非常清楚天主借著創造、借著真人真天主的耶穌而啟示給我們。那作者在此處意思為何？容我概括：借著現代天文學、物理學、地理學、生物學、自然和人類科學、世界歷史，人類對天主的創造有了更清晰系統的認識。但人無法完全理解或領悟天主，天主超越人類思維尺度之上。神學家們為此而努力工作，但在經年努力後，他們必須承認，他們對天主的瞭解還僅僅停留在表面。

聖奧斯定的故事一定給我們很大啟發。當他在寫作他的巨著《論三位一體》時，他做過一個夢。他看見一個男孩在海邊，用一把小鏟子在沙灘上鏟了一個洞，他用一個桶將海水一桶一桶灌進那個洞裡。在奧斯定的夢中，他阻止了男孩，問他在做什麼。男孩回答，我要將整個大海裝進這個洞裡。奧斯定笑了，回答說，你永遠不可能完成，你的洞如此小，大海如此深廣。隨之，男孩變成天使說：「如是，你有限的頭腦怎能理解天主的無限。」

曾將新約翻譯成現代英語的著名聖經學者若望．伯特倫．菲力浦斯（J.B.Philips，一九〇六－一九八二）寫過一本小書《你的天主太小》。我們必須承認，我們曾對天主有許多想法和想像，但以後我們知道那些想法和想像並不適當，或者我們放棄信仰，或者我們繼續鑽研。天主太遠了，遙遠神祕得超過我們所想。我們必須意識到，我們不能通過思考與天主結合。我們能與天主結合的唯一可能，是接受天主的愛，並以愛還愛。《不知之雲》的作者寫到：

> 所以我願意放棄一切思考，選擇去愛我無力思考的那位。天主可以被愛，卻無法被思考。

有時，如同作者所言，思考天主的愛、天主的偉大或天主的美是好的。當我們做這些事，比如反省聖言成為血肉的奧祕，讀一本聖書，或研究聖人偉人的生平。作者說，「這些會指引我們，甚至成為默觀的部分。」但在實際當中操練默觀，作者說，「我們需要堅定而靈巧地超越它，帶著虔敬而愉悅的愛之激動，努力穿透你周身的黑暗，以渴慕的愛之箭矢，向那濃厚的不知之雲射擊，無論發生何事絕不放棄。」（第六章）

> 以渴慕的愛之箭矢，向那濃厚的不知之雲射擊。

這是《不知之雲》中最令人難忘的一句話。這句話值得我們反復玩味，直至融入我們的存在經驗。如同我之前所說，作者為描繪他的教導，使用完全屬世的事件和日常中的圖像。默觀祈禱並非被動坐著直到聽見神祕資訊，或直到你看見光、或神視、舌音祈禱等。默觀祈禱存在於給予天主全部的關注之中。默觀祈禱是一個積極的行動，產生於一個深刻和不懈的與天主結合的渴望。默觀祈禱是以全心全靈的愛，去還報天主無條件的愛。默禱時的祈禱詞，或短誦，無需嘴唇翕合，只需內在地、無聲地、單純地，心的祈禱。身未動，心卻動。身體完全靜止，但內心警覺，引領人動態地進入中心，存在的核心。

以渴慕的愛之箭矢，向那濃厚的不知之雲射擊。

4

坐忘之雲

猶如在你和上主之間隔著一朵「不知之雲」，你也該在你下面，在你與一切受造物之間，放上一朵「坐忘之雲」。[51]

當人變老容易忘事，這是人類的共同經驗。我最近已經開始有這趨向，忘記他人的名字；當我上樓卻忘記是要拿什麼東西；忘記昨天吃了什麼主食。但當作者提到「坐忘之雲」，他並非在談論記憶力的衰退，或智力減低等。他的意思是要放下所有我們已知的經驗，或所有圖像、想法、主意、記憶、希望、恐懼、幻想，所有占據我們頭腦的東西。他當然是在說分心問題。對所有祈禱的人來說，無論是何種祈禱，分心都是問題。神經科學家告訴我們，即使我們熟睡時，我們的思維也未停止，無數神經元在不停運動。即使我們熟睡時，我們的潛意識也始終活躍。當我們清醒、警覺，我們的心智則極端活躍，觀察、感知、聆聽，處理所有資訊，將資訊與我們的經驗、記憶、恐懼和希望相關聯。這就是生命。但當我們開始

51. 鄭聖沖譯，《不知之雲》（臺北：光啟文化，2010），第 27 頁。

祈禱，我們需要降低頭腦活動，安撫意念，如此我們可以聚焦天主。

既然分心對所有祈禱的人來說都是一個問題，那對操練默觀祈禱的人來說，就更是一個問題。我們需要自由地將我們的思想放在一邊，甚至是神聖的意念，或虔誠的想法，只為赤裸地來到天主面前。

每次我用「一切受造物」一詞，不僅是指任何受造物本身，也指一切受造物的行動和境遇，沒有任何例外。我說擱在「坐忘之雲」之下，是要對任何受造物都不在意，不論它是物質或是精神，也不管它的情況與作為是好或壞。簡言之：在進行靜觀時，把這一切統統擱置在「坐忘之雲」以下。[52]

在默觀祈禱之中，我們必須將那些意念視為無物，似乎它們本就不存在。換句話說，自由地將所有意向排除，將所有念頭、計算、計畫、希望、恐懼、圖像、夢想等日常類心智活動完全擱置。簡而言之，你全心屬於天主及天主的臨在，無論你是否警覺到天主的臨在，無論天主似乎「臨在」或「不在」。

《不知之雲》的作者對人類心智活動充滿敏銳的瞭解。他非常清楚穿透坐忘之雲，擱置心智活動、一心屬於天主何其困難。

52. 鄭聖沖譯，《不知之雲》（臺北：光啟文化，2010），第 27 頁。

「不知之雲」或許將使你有天主離你遙遠之感，其實不然，如果你的感受正確，你會發覺只因缺少了一朵擋在你與所有受造物之間的「坐忘之雲」，你才遠離天主。

坐忘之雲對我們來說真的沒有問題，一旦我們意識到思考無法有效地攫取天主。愛——唯有愛將我們帶向天主，意念才是尋求天主的障礙。所以將所有意念置於坐忘之雲下吧。作者再次向讀者給出建議：

形形色色的意念，將不可避免地浮現在你腦海裡，引你分心。它會追問：「你尋找什麼，渴願什麼？」對這一切問題，你該回答說：「我只找尋、渴願上主，唯有祂。」……要用渴慕之情轉向耶穌，來驅逐思念。勿因思念從表面上看來相當聖善、有益於祈禱，而感到驚奇。[53]

作者解釋為何這些意念無法幫助你，無論這些意念多麼善或聖，因為一旦我們屈服於意念，我們將「散亂／scattered」，也即是分裂、失焦、走岔路。請注意，他並沒有拒絕思考，他稱之為「甜蜜的」，沉思天主的愛和基督的受難。遠非如此。事實上，作者認為祈禱者的渴望極其重要，並且非常可作為默觀祈禱的準備。當我們作好此靈性準備，作者說：

53. 鄭聖沖譯，《不知之雲》（臺北：光啟文化，2010），第 27 頁。

如果冀望穿越他與上主之間的那朵「不知之雲」，可以暫且丟下這些思念，把它擱在「坐忘之雲」之下。[54]

再一次讓我們回想起作者的關鍵教導：以渴慕的愛之箭矢，向那濃厚的不知之雲射擊。我們將發現自己與天主合一。《不知之雲》一再返回這個主題，意念的不可能性，無論多麼善、聖、充滿希望，或多麼幫助我們與天主結合。我們人類的意念局限、無序、狹小和不完美。它們只能安息在天主的慈愛內。

多年前，當我還在神學院讀書時，我的一個同學向一位老師請教，這位老師是位有經驗的神父和隱修士，「您個人對天主的想像是什麼樣的？」老師回答，「一束明亮的光。」你覺得這個圖像對你說明了什麼？你對天主的想像是什麼樣的呢？你現在對天主的想像與你還是孩童時、青春期時、或十年前還相同嗎？無論我們多麼聰明，我們中有誰有可能擁有一個完整的天主形象呢？

所以，把這一切意念統統擱置在擋在你與所有受造物之間「坐忘之雲」以下。

54. 同上。

5 瑪利亞與瑪爾大

瑪利亞貫注愛與渴望緊緊繫於那「不知之雲」，教導自己去愛那不能用理性之光清楚認識、或憑甘飴的熱情所能感受的那一個上主。[55]

讓我們再次聆聽《路加福音》10：38－42的記載：

他們走路的時候，耶穌進了一個村莊。有一個名叫瑪爾大的女人，把耶穌接到家中。她有一個妹妹，名叫瑪利亞，坐在主的腳前聽他講話。瑪爾大為伺候耶穌，忙碌不已，便上前來說：「主！我的妹妹丟下我一個人伺候，你不介意嗎？請叫她來幫助我吧！」主回答她說：「瑪爾大，瑪爾大！你為了許多事操心忙碌，其實需要的惟有一件。瑪利亞選擇了更好的一份，是不能從她奪去的。」

非常有意思且耐人尋味的故事。你怎麼解讀它呢？若暫時不看耶穌所

55. 鄭聖沖譯，《不知之雲》（臺北：光啟文化，2010），第54頁，依據英文版本略有改動。

說的話，常人必然將瑪爾大和瑪利亞區分為：前者熱情好客、解人所需；後者似乎無用、不實幹、缺乏合作精神、對訪客的基本所需視而不見、只關注自己的靈修進程。

《不知之雲》的作者當然不這樣解讀這個故事。耶穌的回答清楚表明，花費時間安靜於主內的意義高過耗時服務他人，以及忙自己的事。但作者更深一步解讀這個故事，闡述一些他相信非常重要的事。

第一，他清楚指出耶穌同等喜愛兩姐妹。沒有跡象表明耶穌不感激瑪爾大的愛德工作。福音中有多處表明耶穌喜愛社交，與各階層人士一起用餐，無論名聲好壞，是否是宗教人士，罪人或聖人、朋友或敵人。作者指出，瑪爾大與瑪利亞都是聖人，謙卑服務他人，耶穌的門徒們顯示出他們彼此相愛。

作者指出重點，耶穌注意到瑪爾大被「好客」這個自我中心的念頭弄得心煩意亂。在她的憤怒中，她錯過了一個將其實幹工作置於聆聽的靜默時刻下的機會。「主！我的妹妹丟下我一個人伺候，你不介意嗎？請叫她來幫助我吧！」耶穌明智地拒絕了她的要求，他沒有介入家庭紛爭。但他提出了友善的建議，我們可以稱之為靈性的建議。「瑪爾大，瑪爾大！你為了許多事操心忙碌，其實需要的惟有一件。瑪利亞選擇了更好的一份。」什麼是更好的一份？耶穌給讀者留下想像空間。《不知之雲》的作者有自己的詮釋，我們現在開始探索它。

對作者來說，瑪利亞的行為完全就是他的首批讀者——為默觀祈禱所吸引將來發願做隱修士的初學生們——需要被指導所做的。因此作者寫下如此美妙的句子：瑪利亞貫注愛與渴望緊緊繫於那「不知之雲」。即使她看起來像耶穌在其他地方所說的「安息和輕鬆」那般，安靜地坐著，但她絕非無所事事。她在積極祈禱狀態中。這份工作需要不斷專注於耶穌神性的臨在，而非僅是他肉身的臨在，作者強調，耶穌神性的臨在不可見及不可理解，但卻可以通過愛及渴望去擁抱，通過愛之箭矢，如作者所說。瑪利亞拋棄所有意念、所有淺層情緒、甚至所有虔誠的祈禱、所有主意和圖像。作者說：瑪利亞教導自己去愛那不能用理性之光清楚認識、或憑甘飴的熱情所能感受的那一個上主。

在這個故事中，作者說，瑪利亞並不完全知道天主，因為天主超越人類的知識掌握範疇，但她默觀祈禱的工作是「更好的一份」。這是因為瑪利亞教導自己去愛那不能用理性之光清楚認識，卻可以用她的心去感受的那一位。注意這個詞，「教導自己」，作者清楚明白，靈修進步取決於我們自身認識到一個深刻的靈性真理與否。作者的確是靈修指導的大師。瑪利亞，作者說，她在仰望天主的時候，心中響起靜默之語。作者寫到：

瑪利亞全心貫注地轉向耶穌，她對看到、聽到和在周遭發生的一切都無動於衷。她安定地坐著，心中默默的，只管以一種欣悅之情衝向那朵隔在上主與她之間的「不知之雲」。（《不知之雲》第十七章）[56]

我們要如何以現代語言來詮釋這段福音故事？兩姐妹毫無疑問代表兩種不同的人格類型，外向型的瑪爾大和內向型的瑪利亞。但對我來說，可以將兩姐妹代表的兩種人格類型更好地理解為一種人格類型的兩個向度，以及教會的雙重基本幅度。無論我們是誰，所有人（如同耶穌本人所行）需要抽出時間離開世界，用以深刻反省，心禱、或默觀祈禱，或基督徒默禱，正是這種實踐。否則，如同故事中的瑪爾大，我們將迷失，支離破碎，與自己與他人的關係都將失序。同樣，健康的教會所能提供給信眾的除了積極的社會行動，同樣需要提供默觀祈禱、避靜和反省的資源。正如二十世紀著名的耶穌會神學家卡爾．拉內（Karl Rahner）所預言的那樣：在未來的日子裡，基督徒或者是一個神祕主義者（也就是說，一個通過堅持默觀祈禱在心中真正經驗天主的人），或者一無所是。

56. 鄭聖沖譯，《不知之雲》（臺北：光啟文化，2010），第 55－56 頁。

6

罪

默觀祈禱是唯一一種本身就能摧毀罪惡的根源和根基的工作。（《不知之雲》第三十六章）

在罪婦的故事中，耶穌說：「你們中間誰沒有罪，先向她投石罷！」（《若望福音》8：7）耶穌挑戰了律法，律法規定對這類行淫的婦人需要施以石刑。耶穌的反對者們無法應對耶穌的問題，他們的罪惡感和虛偽被彰顯了，因此逐一安靜地離開。「你們中間誰沒有罪？」耶穌也問我們。聖若望說，「如果我們說我們沒有罪過，就是欺騙自己，真理也不在我們內（《若望壹書》1：8）」。

什麼是罪？違背誡命？越過規範？錯誤和迷失？矢不中的？忤逆天主？違背良心？作惡？許多這類詞彙來到我們腦海裡，在《聖經》中我們可以找到所有這些意思。

首先我們需要承認世俗的頭腦未必理解什麼是罪。罪不僅屬於道德範疇，更屬於宗教和靈性範疇。我們犯罪或失德，往往是靈魂生病的產物和症狀。歷史上宗教人士的經驗告訴我們，若想找到天主或內在平安，就必須跨越罪的藩籬。基督信仰的教導是，基督作為無罪的人，為我們罪人死了，他是至聖至公義的天主與有罪人類之間的完美中保。

《不知之雲》的作者對罪十分嚴謹，但，如同過去現在所有偉大的靈修導師一般，他堅持中庸之道。他沒有持守過度道德主義，同時，他也沒有對罪表示寬容。他對初學生說，「常常意識自己的罪（SIN），」他使用英文大寫的罪過SIN。但是，他接著說到，不要想著你所犯的罪是大罪或小罪，對於一個默觀者來說，所有的罪同等大。即使最微不足道的罪也將我們與天主隔開，使我們遠離靈魂平安。這就是罪的意思。罪是天人之間的障礙，阻礙人類的靈性成長，阻礙我們成為滿被天主恩寵的人的可能性。

所以如何補救罪？作者在書中提到「把罪看成瘤（36章）」。「瘤」是身體內生長的病灶，無論良性惡性，無論大小，瘤需要被切掉。對罪也是如此。罪是靈魂的瘤，阻礙靈性的健康成長。作者敦促讀者，一旦他們對罪充滿警覺，便需要在靈魂中不停大叫「罪、罪、罪，離開、離開、離開。」這叫聲源於內心，他說，「從經驗中學習比從別人的言語中學習更好。」

因此作者建議讀者，不要浪費時間集中注意力在他們特別的毛病上，要做的是仰望天主，不停呼喚祂的愛和恩寵。我們再次強調，作者不認為思考天主或我們的罪，能帶領我們靠近天主。唯有一個行為，只有一種卑微的愛的激蕩才能突破不知之雲，使我們與天主結合。我們需要記得這句重點：「思想不能攫取天主，但是愛卻可以。」

作者最喜歡《聖經》中的一個人物是，伯達尼的瑪利亞，如同中世紀時所有人一樣，作者把福音中的三個罪婦瑪利亞視為同一人。作者將耶穌的門徒，罪婦瑪利亞視作被寬恕的罪人的典範。作者說「她為自己的罪過感到由衷悲痛」，然而她不僅是為罪而悲痛，她感到，她為欠缺對天主的愛而悲痛。可是作者說，「她有大量的愛。」因此，作者深具洞察力地說，「真愛者的天性是，愛得越多，越渴望去愛。」他訴諸人性經驗，即是，我們越渴望深地付出並接納愛，愛將越來越深刻。

然後，作者指出，病態地、反思性地思考我們的罪是徒勞和荒謬的。他回答了這個尖銳的問題：

> 你想她必然會從渴慕的高崗上降到罪惡生活的深處，在泥沼汙水坑裡去查究她犯的罪，一一仔細去亮相，為能刻意激起痛悔的淚嗎？並不如此。為什麼不呢？上主在她內心深處，用恩寵指示了她，使她明白這

個辦法不足採用。單憑眼淚去邀請寬赦，不久後她又會重新犯罪的。[57]

他另外解釋到，過分關注我們的罪只會適得其反，它可能更激發想像力，從而增強了誘惑。現在讓我們重溫這句關於罪的革命性教導：默觀祈禱是唯一一種本身就能摧毀罪惡的根源和根基的工作。作者說，你們不要幻想，以為若你們過一種克己的生活，晚睡早起、睡在地板上、穿苦衣，儘管這些事情令人欽佩，但是，你們每個人都能與天主結合嗎？甚至你虔誠的祈禱，默想基督受難，雖然是好的和有益的，但也未必能達成與天主結合。

不，只有一件事能使你達成與天主結合，這就是愛的盲目運動（blind movement of love）。

如果缺乏這種持續的、有規律的愛的衝動，任何克己行為都不會給你帶來任何益處。重要的是理解這一點：只有在持續的默觀祈禱中，天主才透過我們來醫治我們破碎的、生病的、受傷的自我。默觀祈禱是唯一一種本身就能摧毀罪惡的根源和根基的工作。

---

57. 鄭聖沖譯，《不知之雲》（臺北：光啟文化，2010），第 53 頁。

7 謙遜之德

的確，任何能夠真正認識自己的人，都會真正謙卑自己。（《不知之雲》第十三章）

在《不知之雲》的開始，作者就告訴我們，默觀祈禱的藝術不能離開謙遜。我們個人的靈修經驗也肯定這點。誰不在默禱開始沒多久就很快意識到，保持身體靜止超過幾分鐘多麼困難？至於精神上和情感上的干擾，哪怕是幾秒鐘，誰不知道這種干擾多麼容易就能占據一切？對於堅持超過十五年每日早晚默禱兩次的我來說，不以尋常意義上的「進步」做判斷，比如越來越容易抗拒干擾，更專心短誦。事實是，我對自己的軟弱和有限越加警覺，承認自己對自己幾乎無能為力，為了與天主同在，唯有越來越仰賴天主的恩寵與慈悲。若我足夠謙遜，毫無可誇，全賴天主的恩賜。

在《不知之雲》第二章開始處，作者對初學生說：

軟弱的人呀，鼓起勇氣認清你自己吧！你自以為是個特殊人物，配得接受上主的恩賜嗎？[58]

這是非常好的問題，我們需要常常自問。我是誰？竟配得此默觀恩典。在第一章中，作者對初學生說，慈愛的天主邀請他們進入永福的成全中。作者提醒他們，蒙召成為默觀者，何等恩典。但在這第二章中，作者警告他們：

因為你聽到偉大的召喚、或邁入獨特的生命道路，便以為自己比人更聖善。正好相反，除非有上主的恩寵和引導，忠心竭力回答這召喚，你畢竟是個最可憐不堪的罪人。你不但不敢妄自尊高，反該因蒙受全能上主，萬王之王，萬君主君的垂顧與召叫，更顯謙下，忠心耿耿的事奉祂才對。[59]

恩寵越多，責任越大。讓我們看看第十三、十四和十五章，作者對謙遜的充分發揮：

說某人是謙遜之人，意味他意識中的自我和天主眼中的他一般無

58. 鄭聖沖譯，《不知之雲》（臺北：光啟文化，2010），第 17 頁。
59. 同上。

二。的確，任何能夠真正認識自己的人，都會真正謙卑自己。

因此真正的謙遜是不裝腔作勢、不專橫、不因個人出生及社會地位成就而斷定人，反而接納任何人的本性，不帶預設。這種品質正是真福八端所彰顯的：溫良的人是有福的，因為他們要承受土地。（《瑪竇／馬太福音》5：5）

作者描述謙遜的另一種方式是，成全的謙遜需要認識自己，即認識事物的兩面性：在天主的恩寵下，我們的能力有時比我們想像的要大得多；但另一方面，意識到阻礙我們達致成全的軟弱和習慣性的罪惡。聖奧斯定在《懺悔錄》中哀歎他尋找到天主耗時太久了，「在自己以外／outside himself」尋找天主，即是沒有歸於中心。他說到：人必須首先回歸他自己，使自己成為一個踏腳石，並從那兒被提升至天主。（《訂正》I,viii,3）

認識自己是終生的任務。《不知之雲》的作者重複強調認識自己，這一次他說「感知自我／feeling oneself」，用當代語言來說，「自知之明」。用當代神經科學的語言來表述，這種自我認知來自於左右腦兩部分，直覺和反思同等重要。謙遜是屬於整全人格的恩賜和恩寵，用流行術語說，身心合一。從我自己的經驗來說，有一次我的主教讓我去考察一個堂區，以便看看是否可作為我下一份工作所在。從介紹裡聽起來是個理想的堂區，有好的條件，當然也有挑戰性。但當我和太太抵達那裡，感覺卻讓人反胃，那裡對我絕非正確選擇，非常難以形容。我向主教解釋我的感覺，他明智地沒有勸說我再考慮，他理解我的直覺做出了選擇，或者說，聖神正確地引導了我。

在我們離開謙遜這個主題前，我們應該更深入一點思考作者所區分的「成全的謙遜」和「不成全的謙遜」。讓我來解釋他為何要做出這個區分。作者說，為何我們應是謙卑的？這其中有兩個原因。第一個原因，當然是因為我們都是罪人，易犯罪易出錯。非常值得注意的是，聖人通常比我們更自我覺察，因此更易看到他們自己的軟弱和罪過，而非把自己的過錯推給他人。「若非天主的恩典，我們已經跌墮，」他們說，他們不會陷入「只見弟兄眼中的木屑，不見自己眼中的大樑（參《瑪竇／馬太福音》7：5）」的誘惑。第二個原因，則是因為在天主與受造物之間、天主與人之間、無限與有限之間、那可能不存在的[60]與純粹的存在和純粹的愛之間，有一不可跨越的鴻溝。

> 他認清上主本身的無上美好，和祂對我們人類的深情大愛。面對這樣的美善和愛情，人便不禁戰慄，智者成了結結巴巴的傻瓜而不知所云；聖人和天使們受上主之光的照明，而看不見別的了。[61]

---

60. 原文為that which might not have existed。作者使用了一對非常中世紀哲學的概念，contingent beings或有生命，因為唯有天主是必然的存在Necessary Being，而人類的存在卻是依賴天主的存在，因此可能不存在。

61. 鄭聖沖譯，《不知之雲》（臺北：光啟文化，2010），第46頁。

作者想強調，在此生，我們極難實現「成全的謙遜」，一種所有自我的思想都消失的狀態。在我們持久的默禱操練中，我們可能會經歷短暫的神魂超拔，但這些時刻僅僅是一種預先的體驗，或者是永恆福樂到來的保證，正如聖保祿所言，「那時我就要全認清了，如同我全被認清一樣」（《格林多人前書》13：12）——完全謙遜的狀態。切莫灰心，作者告誡我們，「不成全的謙遜」對我們來說已經很充足，對愛我們的天主來說更是充足。

8 愛德

因為真有愛德的人，只為上主自身而愛上主，勝過所有的受造之物。……他愛他們（近人），一如他愛自身一樣。（第24／25章）62

愛天主

愛德是諸德之母，沒有愛德，我們就如聖保祿所說，不過是「發聲的鑼，發響的鈸」（《格林多人前書》13：1）。真有愛德的人，只為上主自身而愛上主，勝過所有的受造之物。……他愛他們（近人），一如他愛自身一樣。《不知之雲》的作者所言，有兩層意思。

首先，他指出福音中愛德的定義基於舊約天主律。「你應當全心、全靈、全意、全力愛上主，你的天主。應當愛近人如你自己。」（《馬爾谷福音》12：30－31）第二，他給天主律的福音總結一個獨特的詮釋：我們要愛天主，超越萬有之上。如此，他提醒我們在默觀祈禱中的決定性原則。

62. 鄭聖沖譯，《不知之雲》（臺北：光啟文化，2010），第70，73頁。

我們唯獨仰望天主，將萬有置於「坐忘之雲」下。我們所有的想法、希望、恐懼，甚至我們為所愛之人全心所做的祈禱也要被放下。默觀祈禱的本質是，如作者所說，「除全然朝向天主本身的意圖外，別無其它」，因此在默觀祈禱中無有請求、代禱或其它，沒有祈禱本身（no prayer），比如，作者說，「既非解脫痛苦，也非渴望賞報，一言以蔽之，除天主外，別無他求」。當我們默觀祈禱，並非浪費時間在思考或回想任何人事。我們默觀天主的「工作和任務」不該被任何事干擾。唯有如此，我們才開始滿全第一條誡命——這四重強調，「全心、全靈、全意、全力」，簡言之，以我們的全在。

愛近人

作者如何談論愛近人？再次，他的教導與默觀祈禱緊密相連，出奇的簡單。默觀祈禱的恩賜，他說，使我們能發展出無分別心（equal regard for everyone），對親戚、朋友、陌生人、或我們不喜歡的人及敵人。作者說，「由他看來，沒有一人是外人，因為他把每人都看成兄弟。」[63] 非常清楚地，作者這樣說並非指向僅只有聖人能做到的理想主義，但卻基於他個人的經驗：

63. 鄭聖沖譯，《不知之雲》（臺北：光啟文化，2010），第 71 頁。
64. 同上。

連那些在日常生活中磨難他、得罪他的人，他也愛他像最好的朋友一樣；替他們企望一切美善，一如為他最好的朋友企望著一樣。64

在下一章中（第25章），作者談到，「在默觀祈禱中，任何人都被看作同樣可愛，如有所特別，他對仇人的態度大概會比對朋友更好些。」65 他的建議當然是基於山中聖訓的教導：「你們一向聽說過，『你應愛你的近人，恨你的仇人！』我卻對你們說，你們當愛你們的仇人，當為迫害你們的人祈禱，好使你們成為你們在天之父的子女。」（《瑪竇／馬太福音》5：43－45）作者非常自信，當我們的默觀祈禱真正以天主為中心，而非以我們自己或自己所需，也沒有任何自我中心的欲望或自我辯護時，我們就能無分別心的祈禱。任何那些與非自己選擇的人生活在一起的人都明白，團體生活是對愛德的巨大考驗。正如一個笑話所表述的那樣，一位隱修士說，隱修團體生活非常棒，唯一的問題是其它隱修士。

正如作者所強調的那樣，愛德與謙遜緊密相連。這兩個德性有助於「單純地全心向慕上主，不斷向那『不知之雲』撞擊著，把一切思念留在『坐忘之雲』底下。」66

但我們要澄清，這種擁抱萬有的愛德並非是我們默禱時的目的，這將

65. 同上，第 72 頁。
66. 同上，第 70 頁。

阻礙我們完全警覺於天主的目的。因此，作者巧妙地把看似繁重的誡命轉換成了靈性的果實。當我們堅持默禱，如同所有人一般，無論幼童或成年人，我們通常會發現，這成為一種明證（通常他人比我們自己要容易察覺到），即我們變得更易相處，更具耐心和愛心，更柔和，更堅定等。如同聖保祿所言：然而聖神的效果卻是，仁愛、喜樂、平安、忍耐、良善、溫和、忠信、柔和、節制：關於這樣的事，並沒有法律禁止。（《迦拉達人書》5：22－23）

我希望以作者令人讚歎和鼓舞性的句子結束。再次，關於默觀祈禱的效果。他滿懷信心地寫到：

> 當靜觀到了成熟時，必會發現：愛，自然而然地統御內外一切舉止。聖寵引人靜觀時，看來也使身體的氣質隨著變化。這人雖然可能具有自然缺點，現在卻顯得可愛引人了。整個人變得如此吸引人，善良者見而起敬，樂於為伍，因他身上放射出一股從上主而來的震波。[67]

真誠的默禱者們啊，這就是效果！作者承諾，身體和靈性的雙重吸引人，善良者見而起敬，樂於為伍。他們同樣能吸引其他人來參與默觀祈禱，這就是好消息（福音）！

67. 鄭聖沖譯，《不知之雲》（臺北：光啟文化，2010），第137頁。

所以開始默禱吧！安靜坐下，念你的短誦。每日早晚默禱二十至三十分鐘，你將可能證明《不知之雲》這部經典之作的偉大智慧，在今日如同往昔一樣。

第六部

無價璞玉：組成團體以分享默禱的恩寵

A Pearl of Great Price: Sharing the Gift of Meditation by Starting a Group

文之光神父（Dom Laurence Freeman OSB）著
主石 譯

前言

「天國又好像一個尋找完美珍珠的商人，他一找到一顆寶貴的珍珠，就去賣掉他所有的一切，買了它。」（《瑪竇／馬太福音》13：45）

默禱比任何事都簡單，做默禱不需要精通艱深的理論，也不需要專精於困難的技術，只要有一顆純真的忠實之心，也就是忠實於純樸之心。然而，凡是嘗試過做默禱的人都知道，純樸並不容易。我們需要支援與激勵，才能堅持於簡單但苛求甚嚴的紀律。

因此，我們需要加入默禱團體。默禱團體在靈修方面，是令人稱奇的，並且成為希望的來源，特別是我們處於不平安與恐懼困擾的時代。目前全世界一百多個國家有默禱團體，他們每週聚會共同默禱。他們在各式各樣的地方聚會，其範圍可以從自己家裡、教堂，甚至廣泛到監獄、醫院、工作場所。在安靜、純樸、靜定中默禱，彼此在心靈中相聯繫，以達到生命與平安之根源。共同默禱之後，他們回到自己的生活中，但卻充滿信德的力量，那股力量是來自「那一位」的臨在，祂答應過凡是向祂開放的人，將會獲得這信德的力量。

的確，默禱團體並沒有什麼新奇的，然而，現代人內心極渴求靈性，想要在默禱團體中表達出來，並且可以找到答案。怪不得，二十五年來，世界各地的默禱團體成為全球靈修大家庭，大家有深度的共同經驗，在默禱中獲得恩寵，有豐富的智慧要分享。你可能必須獨自挺身而出成立一個默禱團體，但是你絕不會孤單，不必擔心缺乏資源協助你或是沒有人鼓勵你。

可是，到底該由誰開始或是帶領默禱團體呢？一般平凡人其實都可以，不需要特殊的才能，只要懷著信德，並得到曾經參與過此團體的人的支援。這本小書可以鼓勵你，不僅提供實用的方法以成立默禱團體，也可以在之後繼續扶持這團體。成立團體非常重要，世人需要可供默觀的無聲架構基礎，與現世的機構與忙亂的時間表交織在一起。世人需要治癒與超越的力量，只有靈性能使我們的內心獲得自由，同樣，我們之間的關係也很自由。

默禱團體中有許多人協助出版此書，我非常感激他們，特別是我們中央委員會（Guiding Board）的主席卡拉．古柏（Carla Cooper），普世基督徒默禱團體國際中心的聯絡員（co-ordinator）蘇珊．史潘（Susan Spence），以及米地亞媒體中心（Medio Media）的主任喬．道夫（Joe

Doerfer）。

本篤會士 文之光神父

1 耶穌的召叫

「耶穌卻彎下身去，用指頭在地上畫字。」《聖若望福音》8：6記載，群眾想用石頭砸死一個犯姦淫時被捉住的婦人，之後，耶穌做了這件事，最後只留下耶穌與婦人。耶穌言行一致，以身作則。有時候我們會再看到耶穌以沉默來教導。有一次，一位年輕人發現很難捨棄他所擁有的一切，耶穌以愛意的眼神傳達他的教導。此外，有幾次在面對衝突和敵意時，耶穌保持赤誠與真實的沉默。

懷著憐憫之心臨在、用愛意的眼神、真實的沉默，這是我們追隨耶穌的必備素質，他是我們的導師與朋友。他激勵、強化我們分擔教導福音的工作。我們蒙召效法我們的導師——耶穌去教導他人，並且增進與耶穌的關係，愈來愈像他。臨在與沉默是這條旅程的不二法門。當然，我們個人的特質，如塑造我們的文化，使得每一個旅程有其特色。但是，人性的渴望，默禱的挑戰與成果，從古至今都是一樣的。

2 人人皆是默觀祈禱者

我們必須深入瞭解默觀祈禱的含意，才能明瞭默禱與默禱團體的意義。在古代，「默觀生活」是一種特權的生活，唯有受過教育或是屬於高層次社會地位的人，才有時間和閒情逸致做默觀。後來在基督信仰時代，默觀生活漸趨平民化，教會內任何人都可以實行。但是，必須放棄平常人的婚姻生活，過著獨身和隱修的生活，當時仍然認為天主好像只賜給菁英默觀的恩寵。為何耶穌普世性的教導竟然局限於少數人，這實在令人費解。耶穌召叫每一個人相似天父，「滿全」於愛與憐憫，棄絕自己，拋下物質的壓力與焦慮，接受他的軛，在默觀內找尋到「安息」，然而此重要教導的普遍實踐竟然被遺忘、壓抑，或否定了。

然而，初期的基督徒卻得到要領，《聖經》告訴他們要不停地祈禱，他們牢記在心。他們明瞭默觀的重要性，這是共通的人性。《聖經》中的瑪爾大與瑪利亞兩姐妹，她們不是代表兩個不同個性的人，而是比擬一個人的兩種互補性。如果沒有瑪利亞的內在寧靜，在導師的跟前聆聽教導，我們就會像瑪爾大一樣煩躁、抱怨、不滿足、分心。到頭來，我們一事無成。事實上，瑪爾大與瑪利亞都同時在工作，一個是內在的，另一個是外在的。默觀不是逃避現實的生活，瑪爾大與瑪利亞猶如內心的兩個內室，它們不僅互補，而且彼此需要以實現圓滿的生命。

若望．伽仙論短誦

我們的心思必須不停地縈繞著短誦，一再不停地重複誦唸，直到我們從中獲得力量。短誦會幫助我們捨棄並放下所有豐富的思想和想像。把自己局限於短誦的貧窮中，它會很輕易地把我們引入福音中的真福八端首端教導，耶穌說：「神貧的人是有福的，因為天國是他們的。」

若望．伽仙（John Cassian，360－435）

《會談錄》10：11

3 為何現今默禱團體那麼重要？

一般的活動團體通常需要具有各種才能的團隊支持協助，因此默觀祈禱活動也需要團體。若望・邁恩神父預見默禱會創造並孕育出團體，普世基督徒默禱團體的成立正彰顯了這預見。基督徒共聚一堂祈禱不是什麼新鮮事，「整個團體內的信徒，心靈相契合，不停地祈禱。」（參《宗徒大事錄／使徒行傳》1：14）這就是耶穌死而復活後所形成的耶路撒冷小團體。

現今我們也能如此描述我們的團體。過去三十多年來，再度發現並創新基督信徒默觀祈禱的傳統，默觀祈禱不只是為少數隱修士，也是為一般男女信徒，也不僅是在學術方面的發現。做默禱已經喚起新的意識，默觀祈禱的境界向所有的人開放，每一個人都受邀，來者不拒。這是聖神賜給眾人的特殊恩寵。但是，我們要盡本分才能得到聖神的恩賜。如果我們想要在平常日子裡，就過著深度有意義的特殊聖召生活，我們必須積極地接受恩賜，每天忠實、謙遜熱誠地關心照顧這恩賜。

當然，基督信仰處於動盪變遷的時期，從中古時代的思想轉變到現代思想。如果我們只是聽大眾媒體與社會學家的說法，我們可能相信基督教會已然沒落。確實如此，教會的結構與態度正歷經解構的過程，但是按基督徒的信仰，死亡是復活的希望。對於更新的生命，基督徒默禱團體是積極希望的記號，那是具有威信的無言標記，洋溢著靈性。

默禱是普世性的修行，引領默禱者超越語言、想像、思想，進入充滿信德與臨在的空無境界，我們稱之為天主的靜默。基督徒意識到默禱引領我們，懷著信德融入耶穌自己的祈禱中。這意味著，默禱引導我們進入一個變革性的發現，耶穌存在於我內：基督在你們中（《哥羅森人書》1：27）。

當我們分享耶穌的人性意識時，耶穌同時也對我們與天主開放，因此，我們亦能真正地彼此開放。我們可以創造與經驗人與人之間逐漸合一，這就是團體。當我們結出聖神的果實時——愛、喜樂、平安、忍耐、良善、仁慈、忠信、溫和、自我控制（參《迦拉達人書》5：22－23），我們就會擁有恩寵，能在自己與他人身上認出耶穌。

4 若望・邁恩神父

若望・邁恩神父是愛爾蘭籍的本篤會士，他是當代對於祈禱最具影響力的靈修導師。他生於一九二六年，五十六年後於加拿大逝世。若望・邁恩神父過世後，貝德・格里菲斯（Bede Griffiths）寫道：「他是當代教會最重要的靈修導師。」

若望・邁恩神父年輕時在遠東地區從事外交工作，有一位溫文儒雅的印度教高僧斯瓦米・薩特亞南達（Swami Satyananda）教他默禱。若望・邁恩的基督信仰堅固，他當時立即發現默禱的價值，是一種能加深和豐富基督信仰的祈禱方式。數年之後，他才完全領會到這種內心靜默的祈禱方式，早已深植於他自己的基督信仰傳統。他重新開啟眼界去瞭解耶穌對祈禱的教導。他重新閱讀若望・伽仙的教誨，其中清楚地描述隱修士、曠野教父與教母謙卑地以自己的芳表，教導修練簡單的「短誦祈禱」。他領會到這樣的操練能有效處理分心。

若望・邁恩神父明瞭短誦是進入靜定或「單純祈禱」的方式，那是以

「心神與真理朝拜」的方法，東方的基督徒稱之為「靜修」（hesychia）。他領會短誦可以淨化內心不良之欲念，而整合內心。當內心整合時，自然而然地我們在心靈深處歸向天主，祂是生命之源與目標。若望・邁恩神父領悟到短誦會引領我們進入神貧的精神，或是不執著的境界，這是耶穌所教導的真福八端中的首端，是人類幸福的根本。

若望・邁恩神父自己做默禱，很快地經驗到，每天早上與晚上有紀律地做默禱，可以平衡一整天的生活、每天的作息，可以經驗到深度的平安與喜樂。他愈來愈領悟到內在平安、喜樂的經驗，與福音和基督信仰的關係。他體驗到祈禱不僅是對天主說話或是思考天主，而是與天主同在。

> 切勿設法創造或是預期任何經驗，這點很重要。若你按照每天早上、晚上做默禱的紀律，我希望你會發現我們每一位都可蒙召進入基督信仰祈禱的高峰，我們都蒙召獲享圓滿的生命。不過，我們必須花上數年時間，只要謙卑忠實地循默禱之徑，數年後，基督的祈禱會成為我們生命的根本經驗。
>
> 若望・邁恩《基督之刻》

5 信仰的紀律才能駕輕就熟

若望．邁恩神父也體會到真正衡量默禱是否有進步的方法，是看人際關係的品質。他知道若要進步，最終還是靠恩寵的工作，但是，我們必須盡本分。我們必須回應恩寵的召叫，但是不僅是以技術，而是以信仰的紀律。若望．邁恩神父認為，甚至按古老的基督信仰傳統，自由選擇的紀律是通往自由的途徑，不是束縛。若想從自我主義的、強迫的、迷惑的、自我中心的掌控中獲享自由，靈修上的紀律是貴重的必需品。

若望．邁恩神父明瞭，默禱是信仰的途徑，因此，他明確地教導如何做默禱，何時做默禱。對於默禱的外在訓練，若望．邁恩神父教導必須下定決心，至少每天做兩次個人默禱，每週參與團體默禱一次。他知道大多數人對於默禱的訓練，都不是很認真，開始時三把熱火，到後來因為被雜念干擾，缺乏鼓勵，或沒有得到預期，而停止默禱。我們開始做默禱、中斷、又再開始，經歷這樣的過程許多次。有些人需要很長的時間，甚至好幾年，才能在日常的生活中，建立默禱的基本紀律。

這就是默禱團體如此重要的原因，能夠靠自己培養自我紀律的人不多，需要時間與不斷的鼓勵才能建立良好習慣。借由他人的支持和榜樣，我們能增強對默禱的洞見（insight），默禱很簡單，但卻不易實行，給予生命不是否定生命，最重要的是那就是愛的方法。因此，若望．邁恩神父鼓勵想學習默禱並想繼續做默禱的人，與其他共同在祈禱旅途中的人，培養團體的恩寵與成長。因此，全世界有數千個默禱團體成立並持續進行，有三、或六、或二十人組成的團體，每週在不同的地方進行，如：家裡、辦公室、醫院、臨終安寧院、監獄、初高中、大學、購物中心，甚至在聯合國大廈。

> 走向「另一中心」（othercentredness）的朝聖之旅，就是念短短的字詞，或是一個句子，現今我們通稱為短誦。短誦是轉移注意力，使焦點不在我們自己身上的方法，這樣可以鬆動我們的思想和擔憂。
>
> 若望．邁恩《短誦：沉入靜默》

6 分享恩寵

你開始做默禱之後，有一天你突然發現你獲得無價璞玉。你內在的瑪爾大不再抱怨瑪利亞，你領悟到存在（being）優先於行動（doing），而行動中有愛。可是，你可能仍然猶豫且謹慎思考：下一步怎麼辦？或許，你會說：「我又不是靈修導師（guru），我對默禱不是很瞭解，此外，我又不是擅長於做默禱，我沒辦法教別人。」有這些想法是很好的現象，你可能已經準備好要分享這恩寵了。但是，如何開始呢？

第一步是很自在的，將你做默禱的經驗當作見證，不要用咄咄逼人的傳教熱火。有時，你遇見朋友，他／她跟你分享更深的經驗，不只是客套話，你心想：「或許他們會對默禱感興趣。」那就直接了當問他們。或是，有人發現你最近好像比以前更容易相處，因此問你為什麼？告訴他們原因。或是，你跟朋友在一起，你必須離開半小時去做默禱，之後才加入晚上的社交活動，向他們解釋你要去哪裡。當然這些都要依當時的情況分辨，希望默禱能培養出辨別能力與良好的判斷力。

下一步要做的是成立團體。同樣地，你可能有點猶豫，你可能會說：「我只是初學者。」若望．邁恩神父說我們永遠都是初學者。你可能會說：「但是，我不是老師。」沒錯，你不是老師，耶穌是老師。你只要操心做個好門徒，不必操心成為老師。把自己當作基督的門徒、學生，基督教導你的方式是，在你內心默禱、與你共同默禱、為你默禱，你唯一需要的資格就是放心去做！耶穌鼓勵門徒「以我的名字」（《馬爾谷福音》9：39）教導，意思是在祂的臨在中，與祂的精神同在。你要懷著一顆謙遜之心，絕不要害怕。況且，你有團體與教會傳統支持你與幫助你。

7 初級階段：萬事開頭難

以你所處的環境與你的身分開始，若你屬於堂區或信仰團體，就由此做起，跟本堂神父、堂區教友協進會、教友談談，告訴他們默禱的恩寵對你的意義。但是，你要有心理準備，他們可能會感到驚訝、不安，甚至懷疑。切記，當人們初次聽到默禱時，頂多他們可能想你是在談論新奇的事，最糟也只不過是覺得你好像在談很奇異或令人感到威脅的事。保持冷靜，不要洩氣。無論如何，預先熟悉他們對默禱的最普遍之誤解認知是有幫助的。以下是常見的現象：

一、**默禱不是基督信仰，那引自佛教或印度教。**儘量解釋清楚，默禱是普世靈性修練，其他的宗教大都有默禱，特別是比基督信仰更古老的宗教。但是，無論是歷史、神學、經典各方面，默禱深根於基督信仰的傳統中。若望．邁恩神父在《短誦：沉入靜默》（*Word Into Silence*）與本書第二部《革責瑪尼會談》（*The Gethsemani Talks*）等書中論及默禱的傳統，你對這傳統的瞭解是非常可貴的。跟他人分享這些簡潔有力的小冊子，是建立互信的最佳辦法，可以幫助他們明瞭且有信心，默禱是祈禱與信仰的最佳方法。本書第一部的英文原版是如同口袋大小的《基督徒默禱：你的每日操練》（*Christian Meditation: Your Daily Practice*），與「回家」（*Coming Home*）錄影帶，是兩個很有效的方法，以幫助他人深深地在基督信仰的根基上默禱，這錄影帶有來自全世界的默禱者自述全球各地默禱團體的故事。

二、短誦不是基督信仰。眾人擔心默禱不是基督信仰的另一原因是，他們對「短誦」（*mantra*）這個名詞，以及默禱傳統教導我們要把思想放在一邊感到不舒服。事實上基督信仰傳統一直大力地教導這種祈禱方式，若望．伽仙在《會談錄》的第九與第十章中，精湛地揭示如何獲得曠野智慧：神貧的精神，謙卑地重複誦唸幾個神聖的字句，他用拉丁文稱之為「公式」（*formula*），它能幫助我們專注在天主而不是我們自己。十四世紀的古典著作《不知之雲》稱之為「一句小語」，幫助我們不分心，進入天主靜寂的奧祕中。若望．邁恩神父很有創意，把這神聖的辭句稱為「短誦」（*mantra*），將基督信仰的特殊傳統與普世的智慧聯結。現今，牛津英文辭典已經把「*mantra*」列入英文字，然而這個字經常被用來描述政客們的承諾。「*mantra*」這個字源自梵文（Sanskrit），大部分歐洲語言的字源也是梵文，*mantra*的原意是「淨化心思」，重複誦唸短短的聖經語句或是神聖的字，能幫助人深入專注。玫瑰經、彌撒中的辭句、降福禱文，以及重複語句的禱文都可以稱之為短誦。最後，還可以依據耶穌的教導，他告訴我們不要「嘮叨」，但要進入內室，不要用唇舌祈禱，而要在靜默中祈禱，如若望．伽仙所說的：「不是追尋話語，而是內心。」

三、**默禱很危險**。基要主義（fundamentalist）最常有這樣的想法，他們厭惡奧祕的經驗，他們要求完全按字意因為那樣顯得更具確定性，這樣的態度事實上是掩飾極度的恐懼，並且壓抑恐懼。他們深信真正的信仰本質就是確定性，若有人膽敢質疑，他們會覺得受到冒犯或害怕，就會憤怒以對。他們會說：「當你敞開心胸，或是淨空心智時，魔鬼就會到來。」事實上，魔鬼可能有機會出去呢！當壓抑被排除時，負面的情緒與陰暗的思想可以獲得釋放，這是很自然的事，但是會有一陣子崎嶇不平。基督信徒默觀文獻中，詳述有關這過程與處理的方法。適度地做默禱並懷著信德，不會有危險，不做默禱反而更危險！默禱並非淨空心智，而是懷著神貧的精神，對內心中的臨在開放。基督徒若相信復活，基督就存留在他的心內，最重要的是懷著信心與希望做默禱。

四、默禱是自私的行為。瑪爾大也是如此認為，但是，耶穌說瑪利亞選擇了「最好的一份」。耶穌的生活立了很好的榜樣，他在使徒工作與退隱及靜默之間達到平衡。「觀注肚臍」是自私的，而默禱是完全無私的工作，因為默禱中我們不專注在自我的問題。逐漸地，默禱成為習慣，是生活的方式。慢慢地，我們看到默禱不是取代行動，而是扎實穩固行動。我們發現到存有與行動之間的複雜關係，以及平易的事實：生活與祈禱一樣好。如果祈禱只是為了自己，生活也會如此。如果默禱沒有結出果實，沒有更加去愛人與憐憫人，反對默禱是理所當然的。但是，就如先前所強調的，評量默禱的效果是：「我更加地愛人嗎？」

五、默禱只是一門放鬆的技巧。大眾媒體常報導冥想等是降低血壓的方法，使得體溫上升，增加腦電波。我們處於醫療與科學的世界，所以不驚訝有這樣的看法，他們對於人類的行為與身份，常以化學與生物的要素為主。確實有文獻證明默禱有鬆弛身心的功能，但是這些功效只是默禱的附加價值，我們或許可以說現代科學終於迎頭趕上古老的智慧。

當你要開始成立默禱團體時，不管別人如何批評反對，你都要聽，試著去瞭解其所持的理由。不要自我防衛或是爭辯。切記，許多神父在培育的過程中從沒有聽過默觀的介紹。他們受培育做行政主管，而不是做神修導師，因此，當平信徒談到默禱時，神職人員本能地會感到威脅或想阻止。切記，你絕不可說默禱是唯一的祈禱方法，傳統也沒有如此教導。試著跟人分享你的經驗，默禱並非取代而是支持其他的個人或是公共的祈禱方式。默禱在各方面滋養基督徒的生活，帶領我們懷著更濃厚的感激之情，或更新的驚喜之情回到福音的永生真理，好似初次接觸福音。

如果有人對你要成立默禱團體有負面的反應，你要慎思回應，你會獲得力量。思考你是否應該等待適當的時機再試試看，或是思索別的方法，或是嘗試到別的地方、別的群體。或許你很幸運，你告訴別人你要成立默禱團體，他們可能以開放感謝的心，迫切地想協助你呢！接下來，怎麼辦呢？

8 宣傳

宣傳的意思是：不要把你的燈光藏在燈檯下，並不是要你推銷默禱這個產品。若望．邁恩神父說默禱不是被教導而是被吸引。開始組織、介紹基督徒默禱團體的最佳方法是：簡短的解說，或是播放《回家》錄影帶，接著團體一起做默禱。也可以由你自己介紹默禱團體，特別是如果你在你的地區受過默禱導師學校（School for the Teachers）的培訓，或是你也可以邀請鄰近地區默禱團體的聯絡人，或是你所在地區的志工來參加，他們可能很樂意跟你搭配合作。許多地區會指派人協助新默禱團體的成立。在團體成立的過程中，可能每隔一段時間就重複做介紹，可以按實際情況做安排，你們的團體成員可能來自教堂、家庭、學校、職場。

可以善加利用默禱導師學校的資源，也可以參照其他默禱團體的宣傳單與簡章，自己製作一張基本介紹，內容包括：什麼是默禱團體、為何要做默禱、什麼時候做（多久）、在什麼地方、參與者是誰等。信實、扼要地敘述重點，切記，「基督徒」、「默禱」、「團體」這幾個字本身就強而有力地表達出其意義。「宣傳單」是訊息傳遞的資源，這簡單的宣傳單可以分送或郵寄給他人。其他傳遞訊息的方式也有助益，如：打電話、發電子郵件、傳真，還有在內部的出版物中簡要刊登，如堂區的布告欄或通訊。你也可以考慮在重要的地點張貼海報，或是在社區報紙宣傳。記住，不論你在何處做默禱團體的介紹，一定要讓有興趣的朋友知道，鼓勵他們參加，也請他們傳遞訊息。最後，如果你的教區有牧靈（靈修）委員會，你可以跟負責人聯絡。不論你是否在教堂介紹或成立默禱團體，委員會的成員會給你精神上的支持，也會給你一些有益的建議。

9 在哪裡？

找到一個每週可以聚會的地點，很要緊。地點要安靜，大小適宜。如果每週都換地點，團體性會遭到破壞。若隔壁房間有歌詠團在練習或有人看電視，這是很好的紀律考驗，但是如果每週都是如此，可能就不是很好玩了！利用你的溝通技巧，找到固定的場所。最理想的是，可以找到一個專為默禱使用的房間或地點，但是不太可能，也沒有必要。你只要每週找到一個特殊的空間，團體的聯絡人可以早到幾分鐘準備場地，點一根蠟燭、播一小段音樂，就可以把原本很普通的地方轉化成神聖的地方。

有一次我在一個教堂的地窖做默禱，那教堂在一個大城市的商業區。有一群穩定的核心成員在該地區工作，他們利用中午休息時間每週見面一次。聯絡人早到場地，把椅子圍成一圈，中間放一根很普通的蠟燭。他還帶來手提錄音機，當成員進來時，可以聽到柔和的音樂。他們準時開始，先聽一段錄音帶中的簡短道理，之後，默禱、簡短的分享，然後回去上班。蠟燭吹熄、椅子收拾後，沒有留下任何痕跡顯示一群默禱者曾經在此聚會過，只留下一股平安的氣息。

現今默禱團體聚會的地方有：家庭、公寓、初高中、教堂、堂區神父的寓所、修會、社區中心、基督徒默禱團體中心、聖堂、大學、監獄、政府辦公大樓、超級市場、老人院、工廠。

念短誦可以帶給我們寧靜與平安，誦唸時間的長短隨個人的需要，直到我們融入耶穌的祈禱。一般的原則是，首先我們必須學習每天早上與晚上做默禱，在整個默禱的時間內念短誦，讓念短誦發揮其讓人鎮靜的功能，這可能需要數年時間。

某天我們會很自然地停止念短誦，融入天主永恆的寧靜中。此時，不可執著於這股寧靜的感覺，不可為了自我滿足。清楚的原則是，一旦我們意識到我們在深度的寧靜中，並開始反思這寧靜時，我們必須柔和地、悄悄地再繼續念短誦。

逐漸地，靜默的時間加長，我們完全融入到天主的奧祕內。一旦我們意識到自己在寧靜中時，我們要有勇氣和寬宏之心重念短誦，這點非常重要。

若望·邁恩《基督之刻》引言

10 何時？

大部分的人在傍晚或是晚上聚會，在他們下班回家的路上，或是吃過晚飯後再出來。對於上班族，除了中午在公司附近聚會之外，以上的安排可能最適宜。但是，對於退休族、料理家務的人、撫養兒童的母親、病患，安排在早上或下午比較適合。不同的日子與不同的時間安排，吸引不同的人。在有些堂區，他們有好幾個默禱團體，一週內不同的日子、一天內不同的時間，這樣可以讓不同的人有多樣選擇。

選擇一個最適合你的作息時間，最要緊的是你能夠固定參與。作為聯絡人，你必須盡可能忠實出席，特別是在團體成立的第一個月，還有夏季，因為很多人在夏季時缺席。如果你不能出席，最好找別人代替你。這樣不僅可以確保持續性，還可以幫助其他的成員發揮領導的潛能。一定要按照宣布的時間開始與結束，如此可以建立信心與穩定性，團體大約在一個小時內就可以結束。

11

多少人？

請勿以參與人數來衡量團體的成敗，團體成員的多寡並不重要。若有二、三位熱心的默禱者就能形成一個很好的默禱團體。C・S・魯益師[68]曾經在一個司鐸會議上說過：「天主說牧養我的羊群，不用數有多少隻羊！」然而，我們深受以多寡論成敗的影響。一旦你開始如此做，自己要警覺到。通常團體開始時很多人熱心參與，之後人數就會減少，預期會有這樣的情形產生，但是要專注在那些留下來的成員，這很重要。那些逐漸消失的人，與團體的短暫接觸中可能也受益良多。有些人可能在一、二年後再回來團體，他們看到團體仍然聚會，其穩定忠信的榜樣激勵他們重新再開始。

在默禱中我們發現到一再地重複，並不是機械化，而是具有創意的，同樣地，成立與帶領團體也是很有創意的工作。所以，不要以物化的觀點來評斷。對於默禱團體，我們所關切的是靈性的成長而不是人數。若是在團體內有深度的成長，一段時間之後，人數就會增加，即使不是發生在你

68. 1898－1963，又譯路易士，威爾斯裔英國知名作家、詩人及護教家。他以兒童文學作品《納尼亞傳奇》而聞名於世，此外還有神學論文、中世紀文學研究等諸多著作。

參與的團體中，也可能在其他不同時間與地點成立新的團體。例如，在各堂區成立的默禱小團體，我們當然希望人數愈多愈好。偶爾你可以再向水裡撒網，印製新的團體名單手冊，更新海報或是布告欄的資訊。切記，即使團體一直很小，也能從它所屬的地域向全球的大團體來吸取力量。

12

當我們到那裡時，我們要做什麼？

保持簡單，話愈少愈好，這是默禱團體，不是討論團體、治療團體或是另一種形式的祈禱團體。團體中最重要的是默禱的時間，只要掌握住以靜默為中心，其他的自然會水到渠成。以下是一些實務的建議，以確保默觀的氣氛，並且每人都擁有極具意義的經驗。

準備。當人們抵達時，讓他們感覺到受歡迎，也婉轉地讓他們明瞭，他們進入一塊神聖的地方與時間。在開始之前的十分鐘，放輕音樂，點燃蠟燭，溫和地請大家不要講話。通常需要如此提醒，因為許多人以為若是不跟他人交談，可能是不夠開放社交。要開始默禱時，可以關掉音樂，歡迎大家，特別是初次參加的人。

教導。最好的教學方法就是播放若望・邁恩神父的錄音帶，我們有很多他講座的錄音帶。這是一個很特殊的教導方式，當初這些錄音帶就是製作給默禱團體使用的，就像你們現在的團體一樣。邁恩神父的講座，不是講道或是演課，而是精神上預備做默觀的時間。不僅要用頭腦聆聽他的講座，也要用心，那樣可以幫助你的心智處於最佳狀態，專注在默禱的時間與修練。因此，即使你已經聽了這些錄音帶很多遍，絕不會覺得重複。我們大約有兩百捲錄音帶，因此要很久才會重複到。

有些講座是特別為入門用的（例如有五捲關於「團體」（*Communitas*）系列的錄音帶，有二十個講座。錄音帶的A面是關於團體的介紹），還有一些是為比較有經驗的默禱者（如那些系列中的B面）。另外還有若望・邁恩神父的一套錄音帶，名叫「默禱靈修精華」（*The Essential Teaching*），這套錄音帶有三捲，內容是有關默禱團體的入門，這套錄音帶也印製成書，書名叫《短誦：沉入靜默》。這套錄音帶中的第三捲名稱叫「對默禱者的十二個靈修講座」（*Twelve talks for Meditators*）非常受團體的喜愛。「在起初」（*In the beginning*）是一系列有關介紹默禱團體的講座，而「走向大道」（*Being on the Way*）是為比較有經驗的默禱者所錄製的。此外，「通往靜默之門」（*Door into Silence*）與「聖言成為血肉」（*Word Made Flesh*）這套錄音帶包括入門與後續之講座。我們定期出版新系列的簡短講座錄音帶供大家使用，現在也製作成CD片。如果您需要更多關於如何選擇錄音帶或CD的建議，可以請教你們地區或是國家的聯絡員（coordinator）或是聯絡米地亞媒體中心（Medio Media）。

事實上，這些講座都會滋養與激發成員。還有其他同樣是默禱傳統的導師的講座錄音帶，也很有幫助。對於那些成立比較健全的團體，你們或許可以利用一些比較長的避靜或是研討會的錄音帶，挑選講座中的不同片段，連續播放幾周。團體的聯絡人必須事先挑選錄音帶，在播放之前先向團體簡略說明其主題。當然，若是聯絡人或是其他的成員有自信的話，也可以偶爾自己對團體演講。聯絡人或是其他的成員也可以大聲朗讀有關默禱的文章，可以自己編寫或是從網站www.wccm.org下載「每週默禱閱讀資料」，其中有簡短的文章強調主要的教導，建議在默禱之後朗讀。

默禱。教導之後，靜默一段時間，此時燈光可以熄滅。開始做默禱之前，可以放幾分鐘適合的音樂，比如英國教會音樂作曲家瑪格利特・李箚（Margaret Rizza）的音樂或是柔和的古典樂曲。通常默禱的時間大約二十五或三十分鐘，如果團體剛開始學默禱，開始幾次做二十分鐘，逐漸增長時間。聯絡人或是其他的成員要負責計時，開始或結束時，可以輕輕的敲鐘或是敲磬提示。也可以用鬧鈴或是計時器在結束時發出響聲，但是聲音要柔和不要讓人驚嚇。你也可以在開始與結束時放一段音樂。聯絡人有責任保證默禱的時段寂靜無聲，但是大家都有責任。

默禱之後。在靜默之後，可以念一段簡短的文章，最好重複之前教導的重點，或是從其他的資料選取簡短的片段以回應。最後，大家分享或討論。若是某幾週成員不想說話，沒有關係。那麼，團體可以安靜地結束，自動離去。有時靜靜地坐了幾分鐘之後，有些人可能想要分享或是提出問題，這是常有的事。聯絡人若是引述一個重點或是講座中的《聖經》章節，或是分享其他相關的感想，就能夠悄悄地引導團體討論。此時，不適宜辯論或是爭辯，也不可分析個人的問題或是其他生活上的問題，有其他更適合的地方討論這些事。

有時候聯絡人可能覺得沒有必要回答問題，其他的成員可能有很好的答覆，當然，並非一發問，所有的問題就立刻有答案。聯絡人可以在深入反省或是參考我們團體的保祿．哈里斯（Paul Harris）編輯的書《常見的問題》（*Frequently Asked Questions*）之後，再私下或是在下次的聚會中答覆那些問題。有些問題可能很難回答，不用嘗試立刻回答，也可以留下神祕感。通常，若有簡短的時間讓大家分享默禱的感想，可以幫助團結感，欣賞許多不同的恩寵與看法，這可以幫助團體建構親密感。

13 明瞭重要的教導

每週的聚會都固定有教導的部分，這是很重要的。然而，最終團體真正能教導的，只能在靜默中經驗到。每次聚會開始時，有一些教導的課題，有其必要，但是聯絡人同樣也可以自由地，用自己的話語與風格說出重要的教導。當然有很多方式傳達同樣的真理，只要能強調默禱的真正純樸精神即可。

對心靈而言，默禱是一種非常自然的感覺，就如同呼吸對身體一樣。默禱深植於基督徒信仰的傳統中，這是古代的神修訓練，與基督聖神融合的最簡單方法。傳統上並沒有說默禱是唯一、甚至最好的祈禱方式，它只是表達了每天靜默祈禱的智慧，既實用又神聖。傳統傳達了默觀祈禱的重要教導，最初是初期教會的曠野教父們的教導，流傳多年，到現代若望·邁恩神父時，這祈禱方式更加明朗化且具深度。這傳統建議以下列簡單的方式操練：

找一個安靜的地方，
坐得舒適，背部挺直，
輕輕地闔上雙眼，
盡可能靜坐不動，
深呼吸，既放鬆又警覺，
慢慢地在內心念短誦，
在整個默禱的時間內，溫和忠實地，繼續重複念短誦，
一旦你發現自己停止念短誦，就立刻恢復繼續念，
每天在默禱時，念同樣的短誦。

切記自我意識是分心的根源，在默禱中，確實與持續的方法，就是「遺忘自己」。建議你默念*maranatha*，這是古老的基督徒祈禱，那是阿拉美文，是耶穌時代所用的語言，意思是「主，請來！」反復地默念這四個音節*MA-RA-NA-THA*，當你誦唸時，要聆聽那個字，全神貫注，但是不要去想這個字的意思。難免會分心走意；也不要試圖壓抑或是對抗分心，只要讓它去。當你意識到有某事讓你分心時，只要懷著信德再繼續念短誦，這是「語言的作用」。每天做兩次從默禱，最好在清晨與傍晚。最適宜的時間是三十分鐘，但開始時可以二十分鐘，之後逐漸增長到二十五分鐘或

是半個小時。

一旦開始每天做這簡單的練習，有些準則指導你對默禱經驗應持之態度，將會幫助你與他人更深入。首先，不要評估是否進步了，失敗或是成功的感受可能是最大的分心原因。在默禱中不要期待或是尋找「經驗」，甚至不要感受到發生什麼事。起初，可能覺得有點怪異，因為我們大多不熟悉靜默的經驗，我們的文化也對它感到疏離，不習慣於簡單。靜默、靜定、純樸確實有其目的。在天國的比喻中，耶穌比喻天國好似芥菜子，有人把它種在土裡，然後這個人就離開了，去過他日常的生活，而種子卻靜悄悄地在土裡生長，「他根本不知道怎麼回事」。同樣的事也發生在我們身上，但是這話語更加深植於內心。如同比喻中所說的，屆時我們會看到成長的跡象，可能不會常常在默禱中發現，但是會顯示在生活中。你會開始收割精神的果實，會發現自己在愛中成長。如果你停止做默禱，不論是停止一天、一個月或一年，只要懷著信心再開始做默禱，相信聖神無限的寬宏大量，祂住在我們中間，與我們同在。

14 其他的祈禱方式

默禱，一般稱之為「純淨之祈禱」，並不是要取代其他的祈禱方式。不同的人有不同的祈禱方式，因為他們的個性、聖召，以及他們受到的基督徒傳統之養成都不同。研讀《聖經》、共同祈禱、朝拜聖體，以及以憐憫行為與慈善工作表達祈禱，都是按福音生活的要素，絕不能被取代。但是他們所採取的方式各有不同，默禱是這些祈禱方法的活基礎，不是取代它們。

15

其他的信仰

在聖神的引導下，梵蒂岡第二屆大公會議[69]後，天主教會對其他宗教信仰的態度已經有歷史性的轉變，天主教會不再高傲地排斥其它宗教信仰，反而能尊敬其它信仰中優良與神聖的部分。與這些宗教信仰交談對話，激發我們尋找新的表達基督徒經驗之方式，並且與傳統的神學並行。如果宗教之間要有成熟的交談，默觀的經驗就很重要。廣泛來說，基督徒默禱團體本來就是大公合一（ecumenical）的團體。默禱團體的聚會對任何真心的尋求者都敞開，對任何人都熱誠與溫和款待。雖然默禱團體不是跨宗教的團體，但是歡迎其他宗教信仰者參加，我們也歡迎那些尋求信仰的人，只要他們願意與基督徒一起祈禱，基督徒信仰基督，祂是我們的導師，激發我們效法祂的真理與開放精神。

如果團體成員一致同意，可以跟當地的其它宗教團體聚會，這會很有收穫，有時候，也可以在晚上一起做跨宗教的默禱。

69. 天主教會第二十一屆大公會議，也是距今最近一次的大公會議。一九六二年開議，一九六五年閉幕。重要結論之一是被傳教國的傳統可與天主教信仰相容，爭議三百多年的中國禮儀之爭畫下句點。

16 由我做嗎？

開始成立一個新的基督徒默禱團體是跨越信仰的一大步，這是責任，但是會有很豐富的成果。無論你付出什麼，你會得到各樣的回饋。常常牢記：我們不會期待你成為專家或是模範默禱者，只是一位謙虛的投入者而已。導師在你心內，祂的名字是「超越一切的名號」。團體成為祂的臨在管道，不僅是對成員而已，還有對本週內跟成員相處來往的人。就像福音中的見證一樣，默禱團體不是只為其成員而存在。如果你明瞭這點，你就不會因為分享恩寵而感到焦慮，你也不會擔憂人數。你會知道這個默觀信仰的小團體，跟全球其他許多的團體共融，滋養成員的神修旅程。同樣地，世界變得太嘈雜無法聆聽，團體就像是一個靜默之窗，可以瞥見我們之中的神聖奧祕。

17

與其它默觀團體的關係

基督徒默觀祈禱的傳統很豐富且廣闊，在許多不同的神修學派與基督信仰宗派都談到默觀祈禱。普世基督徒默禱團體教導我們按這種短誦傳統祈禱，就是深植於這偉大的葡萄園內。與其它團體的友誼與合作，表達同一傳統的不同面向，如：我們與「默觀外展團體」[70]的合作，就是默禱的自然果實，也是默禱所引發的平安記號。

70. Contemplative Outreach，由三位嚴規熙篤會士多瑪斯・基廷、巴西略・潘寧頓和威廉・梅寧哲於一九八三年成立，以教導「歸心祈禱」而聞名。

附錄一

如何默禱

基督徒默禱誠然屬於現代人，但同時是源遠流長，由四世紀沙漠教父相傳至今的默觀傳統。默禱經本篤會會士若望．邁恩神父（一九二六－一九八二）予以發展，配合現代生活的旋律和方式，好使處於動盪和焦慮俗世的人，能以聖神作為他們憩息的綠洲。

普世基督徒默禱團體自一九九一年開始，作為普世大公性的基督徒團體，繼續本篤會會士若望．邁恩神父在默禱範疇三十年以來的默默耕耘。邁恩神父給我們遺下的瑰寶，就是他偉大的教誨，致力重拾及修補教會生命曾經遺失的默觀元素。

開始禱文

天父，請把我們的心向禰聖子在靜默中臨在的聖神打開，引領我們進入這奧祕的靜默，在那裡，祢的愛向一總呼號 *maranatha*「來吧，主耶穌」的人彰顯出來。

默禱的方法

靜止不動地就坐，後背直立，雙眼輕闔。坐姿放鬆但保持醒覺。默默地，由內而發地開始誦唸一個祈禱詞。我們推薦的是這個祈禱詞「maranatha／瑪拉納塔」（阿拉美文，意即「主，請來」，見《格林多人／哥林多人前書》16：22；《默示錄／啟示錄》22：20）。把它分成四個均等的音節來誦唸，即 *ma-ra-na-tha*。默念的時候要用心去聆聽這個詞語，但是過程要柔和，而且持續不斷。不要去思考或者想像什麼靈性方面的東西。各種思緒和意像呈現出來的時候，它們只是這段默禱時間裡的干擾，因此，不要去理會它們，只要不斷把注意力重新集中在默念祈禱詞這個單純的行動上來就好。每日清晨和傍晚的默禱時間約為二十至三十分鐘。

結束禱文

願我們這個團體成為靈性探求者真正的家庭，孤獨者的摯友，迷茫者的嚮導。

願在此祈禱的人們被主聖神的能力所增強，好幫助所有前來的人，並接待他們如同是在接待主耶穌。在這個安靜的所在，願世上所有的苦難、暴力和迷惑，都得以遇到那能安慰、更新並提振人類心神的偉大德能。

願這靜默成為一種能力，把人們的心門向主的目光打開，並因此以真愛、和平、公正，並以人格的尊嚴向彼此打開。願神性生命的美善充滿這個團體，也充滿懷著喜樂的希望在此祈禱的所有人的內心。

願所有因人性問題受到重壓而在此祈禱的人們，在離開的時候，為人類生命中能有此奧祕而獻上衷心的感謝。以上所求，是靠我們的主基督。阿門。

其它短誦建議

短誦式祈禱屬於教會傳統教導裡的「心禱」範疇（見《天主教教理》2709－2924），因此結合《聖經》、靈修書籍和日課是最完美的操練。亦或是在聖言禱讀（*Lectio Divina*）的流程中，每天在早中晚三次實踐各半個小時的默禱操練自己，與天主的關係日益精進深刻。

當然，祈禱詞不是唯一的，教會歷史上比如若望・伽仙（Cassian）曾收集四世紀沙漠教父教母（Desert Fathers and Mothers）的教導，他推薦聖詠的短句：天主求你快來拯救我，上主求你速來扶助我（《聖詠／詩篇》70：2）。這句祈禱詞此後被應用於教會日課中。

聖奧斯定著名的短句「*Noverim me, noverim te*」（讓我認識自己，好使我認識祢／May I know myself, so that I may know you）也是好選擇。

聖方濟曾被他的首位追隨者伯納德，偶然聽到他徹夜重複祈禱「我的天主、我的萬有」（*Deus meus etomni*，My God and my all）。

耶穌禱文（主耶穌，天主子，可憐我罪人！）更是東正教靈修的支柱之一。

其它曾經被建議的短句，包括阿拉美文、意為父親的「阿爸 *Abba*」、「主耶穌」、「主，請來」、「和平 *Peace*」、「上主，求祢垂憐 *Kyrie Eleison*」以及「伏求聖神降臨 *Veni Sancte Spiritus*」都是推薦的祈禱詞，但我們腦海中不應當因祈禱詞而產生任何的圖像、形象或文字。

選定一個祈禱詞後，不建議頻繁更換，在著名的《東正教信徒朝聖記》中，朝聖者某日清晨被心中的祈禱詞喚醒，意即這個祈禱詞從腦到口，從口到心，已經抵達人靈最深處，在那裡，朝聖者與天主持續獨自親密會晤。

附錄二
《默觀與合一：大公合一宣言》

基督教會之間長久以來有分歧，我們相信也欣慰最近已經有一些改善。基督徒之間不能彼此相愛，不能歡慶在基督內豐富合一的多元性記號，因而掩蓋了福音的力量。但是，我們相信新的世紀已經開啟，在新世紀，我們不需要那麼多的語言與儀式，從默觀的靜寂中，我們意識到我們更需要真正的靈修知識。

現今的社會，由於對靈修的渴望，以及普遍地對宗教持懷疑態度，因此，更堅定地要求基督徒進入他們共同信仰中更深的幅度。福音的默觀幅度，不是專屬於某個教會或團體，而是屬於全人類，它召叫我們藉由時代的徵兆再度把它尋回。此外，也不是只有某些人才有這特殊召叫，以進入慎獨與靜默，信仰的默觀幅度。以先知的精神反對不正義，耐心地為和平而辛勞，這些慈善工作，也同樣具有默觀的幅度。的確，基督徒生活的完善與活力，以及基督徒對現世的見證，有賴於默觀與行動的整合，完全地經驗到天主的奧祕，這奧祕超越我們的理解能力，但是，天主的奧祕卻親密地在日常良善的行為中顯示出來。

如果我們不能瞭解天主的聖言和基督的靜默，初期基督徒導師也有同樣的主張。我們深信，迫切急需在我們的祈禱、朝拜和使徒工作中找回默觀的幅度，因此，我們決心要尋找方法，因而所有基督徒與整個社會能更感激默觀的幅度。位於倫敦米德頓廣場[71]（Myddelton Square）的聖馬爾谷教堂（St. Mark's），有一個新的基督徒默禱中心，那是大公合一的標記，我們決心在更深的層面合作，我們已經達成在基督內的合一。

我們邀請各教會的兄弟姊妹反省，並加入推廣默觀的行列，因此他們可以用自己特殊的洞見與傳統，使得默觀的意向更為豐富。

在這暴力與恐怖的時代，我們相信全世界各宗教之間的友誼，是推動全球和平與正義之絕對必要的基礎。如果這友誼要真誠且具轉化力，這友誼必須是扎根於靜默、靜定、純樸的經驗中，這是默觀的根基。

如果我們能以這方法達到默觀與行動之間更圓滿的和諧，我們一定能實現基督更大的渴望——我們「都合而為一」。

共同簽署人[72]

理查・卡崔斯（Richard Chartres）聖公會英國倫敦教區主教

71. 這裡是普世基督徒默禱中心的國際辦公室所在。

本篤會士文之光神父（Laurence Freeman OSB）普世基督徒默禱團體總神師

科爾馬克・墨菲・奧康納（Cormac Murphy O'Connor）樞機，英國西敏寺教區總主教

萊斯利・格里菲斯（Leslie Griffiths）博士，英國衛理公會會長

72. 簽署人職務為二〇〇二年簽署當時職務。

附錄三

《四位全球默觀祈禱導師的聯合宣言》

二〇一六年十月，四位「團體創始者」相遇在美國科羅拉多州斯諾馬斯，為加深我們的友誼，並為聚集和滋養基督徒默觀祈禱者的共融。我們依照年齡順序如下：

多瑪斯．基廷（Thomas Keating，九十三歲，嚴規熙篤會士，歸心祈禱創始人）[73]

蒂爾登．愛德華茲（Tilden Edwards，八十一歲，美國聖公會牧師，SHALEM PRAYER INSTITUTE創始人）

理查．羅爾（Richard Rohr，七十三歲，方濟會士，行動默觀中心）

文之光（Laurence Freeman，六十五歲，本篤會士，普世基督徒默禱團體總神師）

---

73. 此處皆為二〇一六年聯合宣言簽署時的年齡，多瑪斯．基廷於二〇一八年安息。

從左至右，依次是文之光、多瑪斯·基廷、理查·羅爾和蒂爾登·愛德華茲。

我們在我們的奉獻中合一，去承諾為更新基督默觀傳統如同是基督徒生命的核心形式而努力。

我們的交流是為了應對我們時代迫切的社會需求，尤其是需要在恢復福音的默觀幅度方面，我們願意以默觀祈禱及智慧敞開合作。

在不久的將來，我們期待鼓勵與更多的年輕基督徒默禱者的對話。

在基督的愛和祈禱中，

多瑪斯．基廷，蒂爾登．愛德華茲，理查．羅爾和文之光

等待天使...

對這一群白衣修女們來說，長年隱身北台灣偏鄉八里；
因著信仰的無私大愛，全心全意地照顧孤苦無依的貧病長者。

她們從不收取長輩們一分一毫、亦從未接受政府分文補助。
四十多年來，全靠向來自台灣社會各界的善心人士勸募，
不定期的捐米、捐衣、捐物資、捐善款，分擔了修女們重要且繁重的工作。

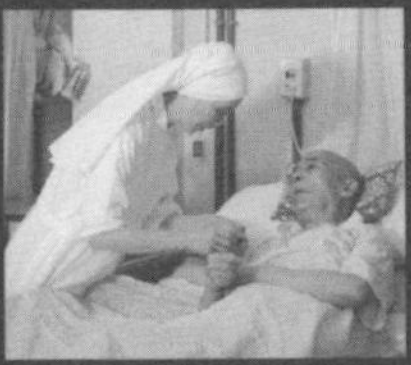

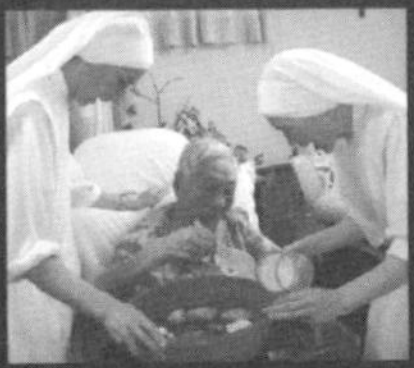

但是長輩們賴以維生的家園的老舊房舍終究不敵它所經歷
無數次地震、風災、與長年的海風侵蝕，
建物多處龜裂漏水、管線老舊危及安全；加上狹窄走道與
空間漸已不符政府老人福利新法的規定。
安老院面臨了必須大幅修繕的重建迫切與捉襟見肘的
沉重負荷：他們正等待著如您一般的天使。

邀請您一同來參與這照顧貧病長輩的神聖工作
讓辛勞了一輩子的孤苦長者們
能有一個遮風避雨安全溫暖的家、安享晚年！

台灣天主教安老院愛心碼：107765

台灣天主教安老院
安貧小姊妹會　www.lsptw.org

地址：新北市八里區中山路一段33號
電話：(02)2610-2034　傳真：(02)2610-0773
郵政劃撥帳號：00184341　户名：台灣天主教安老院

國家圖書館出版品預行編目（CIP）資料

進入內室：基督徒默禱經典作品選集／文之光神父（Laurence Freeman OSB）、若望・邁恩神父（John Main OSB）、莉姿・沃森（Liz Watson）、格雷姆・沃森牧師（Revd Graeme Watson）著；普世基督徒默禱團體譯.
-- 初版. -- 臺北市：星火文化, 2023.06
256 面；17 × 23 公分. --（Search；16）
譯自：The Inner Room：An anthology from the World Community for Christian Meditation
ISBN 978-626-96843-4-2（平裝）

1. CST：基督徒　2. CST：祈禱　3. CST：靈修

244.3　　112006823

Search 016

進入內室：基督徒默禱經典作品選集

作　　　者／文之光神父（Laurence Freeman OSB）
若望・邁恩神父（John Main OSB）
莉姿・沃森（Liz Watson）
格雷姆・沃森牧師（Revd Graeme Watson）
譯　　　者／普世基督徒默禱團體 WCCM
執 行 編 輯／徐仲秋

出　版　者／星火文化有限公司
臺北市 100 衡陽路路 7 號 8 樓
營 運 統 籌／大是文化有限公司
業 務 企 畫／業務經理：林裕安　業務專員：馬絮盈　行銷業務：李秀蕙
行銷企畫：徐千晴　美術編輯：林彥君
讀者服務專線：（02）23757911　分機 122
24 小時讀者服務傳真：（02）23756999

法 律 顧 問／永然聯合法律事務所
香 港 發 行／豐達出版發行有限公司
Rich Publishing & Distribution Ltd
香港柴灣永泰道 70 號柴灣工業城第 2 期 1805 室
Unit 1805, Ph. 2, Chai Wan Ind City, 70 Wing Tai Rd, Chai Wan, Hong Kong
電話：21726513　傳真：21724355
E-mail：cary@subseasy.com.hk

封 面 設 計／Neko
內 頁 排 版／黃淑華
印　　　刷／韋懋實業有限公司

■ 2023 年 6 月　初版
ISBN／978-626-96843-4-2

Printed in Taiwan
定價340元
（缺頁或裝訂錯誤的書，請寄回更換）

All Rights Reserved.
本書內頁照片取得授權。

有著作權・侵害必究